新时期嘉定作家群
文学丛书

与百万富翁同行

陆棣——著

文汇出版社

新时期嘉定作家群文学丛书序

孙甘露

此次由文汇出版社出版的这套丛书,是在2010年,由上海文化出版社出版的《新时期嘉定作家群——资料卷、作品卷》的基础上,为进一步全面深入地回顾新时期以来嘉定作家的文学创作成就,以作家个人作品或作品集的形式,梳理展示嘉定作家在文学创作上的探索和贡献。同时,也令我们深思嘉定这一具有深厚的历史文化底蕴的古城如何在今日延续文脉,养育了风格如此多样的作家,他们的作品透露出对时代和生活的细致观察,叙事沉着从容,不为喧嚣的潮流所动,而角度和笔触又是迥异多姿。

此次收录文丛的殷慧芬、张旻、楼耀福、龚静、须兰、许佳、戴达、魏滨海、戴臻、陆棣、赖云青、赵春华、陶继明、葛秋栋、王威尔等十五位作家的作品,涉及了小说、散文、儿童文学等诸多领域,作家的年龄和创作经历也伴随着新中国的发展而来,他们的作品既表现了当代中国日常生活的巨大变化,也反映出时代变迁下不同阶层、不同领域的人群的内心生活的细微演化;同时,在不同时期和各自领域文学创作的流变中保持了敏锐的观察和高度的警惕,不为时俗所迷惑,又新意迭出,触动人心。深厚的生活积累和对文学历史的深入研究使这些作品周正、持重、谦逊而意蕴绵长。

对这些作家、作品的研读和品鉴，应该更多地着眼于上海文学乃至中国当代文学的视野中，更应该仔细地探寻滋养他们的嘉定的历史、文化、地理的特质和氛围。在某种意义上，特殊的地理位置，也使他们获得了有效的距离和冷静的观察，这种文学上的大城小镇正是孕育史上无数重要作家、催生重要作品的得天独厚的土壤。

正如许多专家、学者一再提及的，嘉定作为人文荟萃的名城，产生过钱大昕、陆俨少等著名的学者、艺术家、教育家等，我们深信，随着时间的推移，文丛所收录的嘉定作家的写作，会在历史的眼光中被不断地再发现、再阐发，也为后来者接续传统树立有益的典范。

2019 年 5 月 19 日

你是有钱人吗?
如果你认为自己有钱,那就是有钱人。

一

差不多全社会的人把我干的这一行都唤作"打桩模子"。对这含有明显的不屑一顾的贬义词,我并不自惭形秽。

在我眼里,十字路口就像十字河口。我像个垂钓人,手托展开的三夹板烟箱,烟箱中姹紫嫣红琳琅满目的香烟就像鱼饵诱惑着水中过往的"鱼儿"。

每天下午四时后,"河口"的"鱼儿"会多起来,正是我"垂钓"的黄金时间。

"不抢不偷,愿者上钩。"我每想起把烟客比作"鱼儿",把自己比作"钓者",就会忍俊不禁。

"来两包'健牌'。"一个女人的声音。

"买烟吗?"我重复问。女性买烟不多见。

女人笑了。

我递烟,收钱。展开钞票,发现里面卷有粮票,忙喊女人:"喂,阿姨,粮票!"

女人似没听见。

我追上前:"阿姨,你的钞票中夹着粮票,二十斤。二十斤粮票黑市价要四元多呢!"

女人停下步,没有接粮票,若有所思地盯着我,微微一笑。

"你……"

"你好像每天在这里贩烟?"

"我也天天看到你。"

女人有一种温文尔雅雍容华贵的气质。

我忍不住问:"你在哪里工作?"

女人宽容地笑了:"我最近忙着办一件事。日本国永仓株式会社的总裁华雄林,在上海金陵东路上设驻沪办事处,与中国有不少大宗的贸易往来。再有一个月,将是上海市郊蘑菇上市旺季,我最近正忙着张罗这件事,准备到时大量收购蘑菇,出口日本……"

"是吗?!"我有些吃惊,尽管我初见这女人就感觉到对方不是个平庸之辈。

"一个漂漂亮亮的姑娘干这种贩烟的活能有什么出息?"女人转缓口气问,"你一天能挣多少?"

"二十来元吧。"我犹豫不决地回答。

生意人最忌讳别人问自己赚多少钱,而人们偏偏又最关心这个问题。不过,我的回答还是较诚实的。

"二十来元?"女人温柔地一笑,"从早晨站到深夜,还时时提心吊胆的,太可怜了。你尊姓?"

"陈晨。人家叫我阿晨。"

"阿晨,我看你挺老实,有心帮助你。如果你有兴趣,我保证你在这收蘑菇的前后三个月中有三万元的收入。你跟了我,每年收入十万元以上。我不勉强你,求我的人并不少。"

女人从那铮亮的黑色公文包中摸出一叠信,抖了抖,"瞧,才两天就收到这么多的信。但是我一个也瞧不上……"

"你是……大老板?"我吞吐着。

"差不多吧。"女人毫不在意地笑了,"我是日本国永仓株式会社驻华的总代理。今天算你阿晨走运,幸运之神撞到了你的门槛上了。二十斤粮票换来了我对你的信任……"

面对这突如其来的机遇,我激动得无言以对。

"你愿不愿跟我,不用马上回答,我给你三天时间。"

"你叫什么?"我忽然想起。

"丁渝。"女人回答。

丁渝向我告辞,穿过马路,对面是商业楼。楼与楼之间有条水泥路,直通后面的高层居民住宅。

夜色抹去了路口那十六层高楼的红褐色,与四周的黑暗混成了一体,唯有楼顶上那巨大的钟盘散发着柔和皎洁的光彩。

月上中天,我才收摊回家。

回到家里,我匆匆上床。虽连连打着呵欠,却辗转反侧无法入睡。多少年来,我无时无刻不在期待着自己有朝一日能暴发起来。

"暴发是有机遇的,这可能是一次能改变命运的机遇,所以无论如何得抓住它……"我重重翻了个身。

"阿晨,都快天亮了,你还没睡……"隔壁母亲睡意蒙眬地喊,"这两天,你怎么老是心神不定,要当心身体……"

我没有回答,尽量不再翻身。

"那个丁渝真是幸运女神吗?"太阳穴被思想得微微有些发痛。或高兴或忧虑,心烦意乱难以入眠。

难熬的夜。

二

"阿晨,生意好吗?"传来一个粗浊的女人声音。

我吓一跳,忙抬头一看:"啊,是胖老板……"

"你白天黑夜地抓钱,全世界的钱都要被你赚光了。你看,我也来买几条烟,挑你发财了。"胖老板腆着肥硕的肚皮说,"阿晨,看你刚才沉思的样子,是在想男人吧……"

"你又胡说八道了!"

胖老板很有钱,在这地区是个"知名人士"。她是我的常客,每次都是好几条烟,出手大方慷慨,从不斤斤计较。

"我瞎说?"胖老板穷追不舍,"你可以问问别人,我可从来不会瞎说一个人的。"

"我不跟你说了!"

"阿晨,你如果想男人也是正常的,何必羞羞答答呢。我十八岁就和一个男知青谈过朋友,那时我可苗条呢。'好女不满百',我九十六斤,谁见了都爱我。那可是个疯疯癫癫戆头戆脑的年纪,什么也不懂,真的相信什么屁爱情。一场小孩子的梦……"

我明白胖老板的话匣子只要一开就没法收住。胖老板是个直肠子女人,大嗓门、爱笑、粗眉大眼、脑满肠肥,体重不下一百六十斤。

不过,我喜欢胖老板的聊劲。

"嘿,阿晨,干我们这一行也苦,该拜的爷们太多了,得罪一个都不行。别人以为我们个体户赚钱容易,但是我们的苦处谁知道?比如说我现在和一个乡下男人合伙贩猪肉,每天凌晨三时他就要起床,骑了摩托车到江苏太仓去批发进肉,马上赶回这里卖早市。现在的天还可以,到大冷天,你想想看,别人家男女在被窝里暖暖和和亲亲热热抱成一团,我们却要早起。车子突突地在公路上跑,那种冷啊,绝非人家能想象得出的。钱确实好赚,一天五六张分没问题,但是苦啊。虽说我是个女人,他照顾我,但他在乡下有老婆。那乡下老婆老得简直像他的娘,我比他老婆强上一百倍。你不要笑我,他挺喜欢我,我也喜欢他。男女扭在一起总是那么回事……"

"是的,男女扭在一起总是那么回事。"我想,正因为如此无聊,我才迟迟不交朋友。我惊异于胖老板似乎永远这样精神焕发。

胖老板忽然刹住了话语。

东边路口传来了摩托车"突突突"的引擎声。

"你看,他来了!"胖老板笑着说。

一辆污秽龌龊的红色幸福牌摩托车飞速驶来,突然停在我们面前。引擎声依旧,胖老板灵活地跨上了车后座。

"胖老板,烟……"我急切地喊。

"老样子,五条良友。明天早晨来取……"

胖老板丢下了一个甜蜜的笑,随着车一阵风似的消失了。

我舒了口气。"这一定就是那个老婆老得像他娘似的流氓乡下男人了……"我想。

三

"丁渝该出现了……"我心神不定地想,目光频频扫视着路对面商业楼之间的水泥路,"会不会在我和胖老板聊天时走过去了?"

大钟敲响了,整八下。

"你好!"我的眼前蓦地发亮,我看到了丁渝,一下子竟激动得想哭。

"你在等我吗?"

我的脸热起来了。

"我在这新村里有个小套间,是我爱人单位里分的。他是化研所的研究人员,他很爱他的工作。我们在上海徐家汇有一套高级侨汇公寓,不常住。因为他喜欢这里……"丁渝穿着质地细腻的天蓝色连衫裙,上面绣着不少洁白的花叶,鼻梁上戴着金属架变色镜,显得娴静清雅飘逸大方。

"与胖老板相比,真是一个天一个地。"我不由得想。

"阿晨,你有事吗?"

我再也沉不住气,吞吞吐吐开了口:"是这样,丁渝,你讲的事……我很有些……不明白……是否讲清楚一些?我,我不是不信任你,真的……"我显得十分紧张,我明白我的话里其实充满对丁渝的不信任,但又无法不说出来。

丁渝满不在乎地笑了:"没关系,这说明我的眼力不错。你很细心谨慎,这真好。现在社会上杂七杂八的人特别多,做事千万不能轻率冒失。是这样，我应该告诉你：我家原先住在茂昌路三十八号，我在丰源木器制品厂当厂医。早在文化大革命时期，我家隔壁住着一位孤寡老太。我见老太孤苦伶仃，常去帮助她。老太常常生病，又没有劳保。我利用职务之便挪用了不少厂医务室的药，这样前后有七年。我完全出于对她的同情心，我没有经济能力支付医药费，只能用这种形式为她看病。由于老太总是向人述说我待她如亲生母亲，居委会就以助人为乐的典型事迹汇报上去，妇联派人来了解我的先进事迹。结果先进事迹没有搞到什么，挪用工厂的药事却暴露了，我因此离开了丰源厂。我没有恨老太，她是好心，好心不一定有好报。正当我走投无路时，一九八八年，有一位叫华雄林的日本富商寻来了。谁也没有料到老太会有这么个亲侄子。老太被华老板接到了国外，住不惯，半年后回来，却一病不起，死了。在老太去世后，我得到了华老板为我买的一套高级侨汇公寓，房址在上海徐家汇。华老板还用我的户头在上海外滩的中国银行存入了二十多万美元。这次华老板委托我，全权负责永仓株式会社计划从上海出口日本蘑菇的业务。十月中下旬是市郊蘑菇上市旺季，离现在还有一个月。我说过，我想找个信得过的帮手，十分难找，现在的人重利不重义。你也知道，想跟我的人太多啦，可惜我瞧不上。阿晨，你如果想来，我可以考虑。你认为呢？"

丁渝的金属镜架在阳光下闪烁着，那变色镜片越变越深了，使她的眸子朦胧模糊起来。

"我明天回答你好吗？"我动情地说。

"没有什么不好的。"丁渝露出了长辈似的慈爱笑容，"我昨天就讲过,给你三天时间。"

"怎样才能证实她的话是真实的呢?她不会是骗子吧!她想骗我什么呢?骗钱吗?不可能。她会用这种笨法子骗钱?人贩子?见鬼,我怎么想到这地方去了!她把过去和现在的家庭地址、把她原来的工作单位和职业都告诉了我,会有这么愚蠢的人贩子吗?那么她想骗我什么呢?唉,又胡思乱想了。也许人家是好心,我不该无缘无故去冤枉人家。话又说回来,怎样才能证实她的话不是假话呢?

丁渝走后,我的心里一直七上八下的。

蓦地,我眼前一亮:"我也太傻了,与其这样煞费苦心耗着精力,还不如收起烟箱去实地调查一下……"

茂昌路是一条老街,因为不是商业区,显得有点偏僻。

我寻到了三十八号。一排街面平房,三十八号在北面第二间,我敲响了那扇漆成紫酱色的木门。

"你找谁?"开门的是个男青年。

"丁渝住在这儿吗?"我明知故问。

"你是说丁渝吗?原来住这里,早搬走了。"

屋里有个女青年在洗菜,一个小男孩趴在桌上玩着彩色塑料积木。显然,这是个三口之家。

"能打扰你们一下吗?"我请求。

男主人露出惊讶疑惑的神色,上下打量着我,不知所措。回过头用目光询问女主人。

女主人犹豫不决地停下手中活。

"我只打扰你们两分钟……"我补上一句。

"你有什么事直说吧。"女主人开了口。

"听说你们的隔壁曾经住过一位孤寡老太,和丁渝相处得很好,后来老太被她亲侄子接到了日本。有这件事吗?"

"老太原来住在我们的隔壁,听说八十多岁了。后来老太的侄子来看她,把她接去了日本。老太不习惯日本的生活,再加上语言不通,没过半年就回国了,不久病死在中心医院。我们也是搬到这里后听邻居说起的。"男主人说。

"你们认识丁渝吗?"我问。

"你是丁渝的什么人?"

"我和丁渝刚认识,所以想了解她的一些情况。"

"她过去与我爱人一个单位,丰源木器制品厂的,过去是厂医,听说手脚不干净,利用职务之便偷盗了大量的药品,早被厂里开除了。"男主人脸上显出阴阳怪气的神态,"你大概知道她现在很有钱了,所以才想了解她吧?"

"你在说什么啊!"女主人不满地盯视着男主人,责怪他的失礼,回过头说,"也是那个老太婆昏了头,总是啰里啰唆说她好,想不到反害了她。厂方追查起来,她前后共偷盗了各种药品约一千多元。考虑到她的犯罪性质与其他犯罪毕竟有所不同,从宽处理,没有判刑,作了开除出厂的决定……"

"那么她怎么生活呢?"我追问。

"她怎么生活?她有的是钱。听说那个老太的侄子是日本什么大公司的老板……"

为了早日告别"打桩模子"的生涯，我不得不敲响了丁渝家的门。

门开了，是个清癯修长的中年男子。

"你找丁渝？她还没回家。我好像在哪里看到过你？太脸熟了。噢，我想起来了，你是十字路口的烟贩。我上下班天天经过十字路口，女性贩烟的不多，所以我认出了你。你进来坐坐吗？"男子显得十分殷勤。

我猜想他准是丁渝的爱人，那个热爱本职工作的化研所研究人员。他一人在家，我自然不会冒昧进屋的。我的父母一直这样教育我。

四

都说有多少电线杆，就有多少"打桩模子"。每到傍晚，十字路口隔几步就有一个"桩头"。

我的位置相对来说是固定的，在南路口的路灯下。这是块好地段，有免费的灯光照明，底盘凸出的路灯柱基成了永不移动的座位。

路对面是一对六十年代去安徽的夫妇，前几年回沪，儿女均在这儿读书。一家四口没有户口，借私房，吃议价粮，完全靠他们夫妇贩烟维持生计。当学校假期来临，两个儿女就成了游动的"桩头"。我很同情这一家人。我左边的那个烟贩是个男青年，在职职工。用他的话来说："我是机修工，只要机器正常运转，门关关紧，尽可睡大觉。白天上班休息好了，晚上来捞捞外快。"

他不像我和安徽夫妇以贩烟为生，所以时来时不卖。在我右边的烟贩是个待业青年，贩烟却并不为生计，他说"贩它几个月，买台录像机后不干了"。

在十字路口的烟贩中，我和安徽夫妇贩烟的历史为最长。他们为了一家生存，而我完全为了聚敛钱财。我实在穷怕了！

"今年会不会是我的暴发年，从此可摘掉'打桩模子'的帽子？"我常常冒出这个想法，于是便怀着恋恋不舍的心情注意起与我相伴了几年的路口。

烟贩们趁着暮色的降临三三两两的来了，十字路口出现了一天中最为繁华的时刻。西菜社、酒吧、影剧院、录像室、百货商店、冷饮店、卡拉OK等等，各色霓虹灯将四个路口映得姹紫嫣红灿烂绚丽光彩夺目，骤增了熙来攘往喧嚣热闹的气氛。茶叶蛋豆腐干的茴香味飘散在朦胧的夜色中。

此时的路口成了无证摊贩的天下，水果、饮食、小商品、服装、玩具、五金等等应有尽有。没有人管理，却也每天秩序井然。偶有争吵谩骂，也会自行解决。况且这现象白天也在所难免。

烟贩们大都没有固定的位置，或蹲或立或坐或走，徘徊漫步，频频向行人兜售。

我的心情从来没有像今天这样舒畅轻松。我已决定先跟着丁渝忙上三个月，赚它个三万元。

"阿晨！"大大咧咧的粗浊声音响起。

是胖老板。我手持烟箱笑着问，"你今天怎么有闲工夫出来逛马路了？"

"出来看电影,外国影片,十分刺激。时间还早,我在等他。阿晨,我穿这连衣裙漂亮吗?"胖老板迅捷转了个圈。做工精致高雅的连衣裙,与她那黝黑的肌肤、粗俗的举止极不和谐,给人一种古怪可笑的感觉。

"就是太……丰满了点。"我斟酌着字句说。

"你也学会奉承我了。"胖老板满意地笑了,"不过,我喜欢别人奉承我。我的这身肉是太丰满了点,怎么也苗条不下来。我第一次和他相识时,他还以为我有身孕呢,真是瞎了他的眼睛……"

"他是讲了老实话……"我想。

"那时我和你一样,也是个'打桩模子',常常受气。不少人总是冒充工商所联防队公安局什么的来敲诈香烟。你向他要钱,他要把你捉进去。对了,阿晨,你有没有碰到这种事?"胖老板嚷嚷着,脖子和手腕上极粗的黄金链子被路灯照得闪闪发光,十分引人注目。

"开头也常碰到……"我老老实实回答。

"是啊,那时我刚开始干这行,还脸嫩,三天两头有人来敲诈,别想过好日子。后来我才明白这些人全是冒牌货,我白白上当。我现在的那个他当时也在这冒牌货行列中,他的外表十分时髦,口袋里根本没钱。那手指上的大戒指也是假的,是他花了两毛钱从地摊上买的黄铜戒指。这是我后来才知道的。当时他又来假冒,被我揪住。他开头还气势汹汹要把我拖到派出所,我早摸清了他的底牌,在去派出所的半路上,他怕了,开始求饶。我更加理直气壮了。我要他偿还以前敲诈去的香烟,他说没有钱。我哪是好欺侮的？我硬是剥下了他的一件西装，说明天你不把烟钱偿还，看我剥下你的裤子……"

"他没打你吗？"

"光天化日之下，他敢把我怎么样？如果他想打我，我顺势把衣服一脱，趴在地上又哭又闹，说是被他撕开的，叫他跳进黄河也讲不清，不把他送进拘留所脱一层皮算是从宽处理呢。不过，后来我听他说，他没有揪我打我的原因是以为我有五个月以上的身孕，怕出人命事……"胖老板纵声大笑起来。

胖老板那粗大的嗓门、放纵的谈吐、庸俗的形象与不相称的质地高雅的裙衫引起了不少人的围观。

"看什么！有什么好看的？！"胖老板虎起脸斥责着围观的人，又忍不住扑哧一声笑了。

"后来他向你求爱了，是吗？"我好奇地问。

"他会花言巧语哄女人，我偏偏吃他这一套。后来像他这样整天在十字路口荡来荡去又没钱的白相人，打架、敲诈、侮辱妇女，差不多全吃了官司。他遇上我算是交上了好运，成了老板……"胖老板忽然高兴地叫起来，"你看他来了！"

一阵引擎声，那辆污秽龌龊的红色幸福牌摩托车在熙熙攘攘的人群中晃晃摇摇地拐进了影剧院前的存车处。

胖老板忽然把脸俯下，凑近我，低声说："记住，见了他，就当我什么也没说过！"

胖老板的话依然挺响，惹得旁边的人一阵窃笑。

"你快去吧！"我催促着。

五

我终于成了丁渝的助手。

丁渝说永仓株式会社已将三十万元的外汇汇入了上海外滩的中国银行,这笔款子是准备二十天后用来大量收购农民手中蘑菇的。

丁渝说准备在上海市西北郊的嘉西、戬浜、方泰、外岗、望新、马陆、南翔等地设二十七个收购点,包括在临近上海的太仓南郊等地设立的临时点。

丁渝拿出了一厚叠男女照片和申请表格,说其中相当部分的人是上海利民一厂蔬菜车间的退休工人,他们原来就是专为厂里收购蘑菇的老师傅,有丰富的实践经验。丁渝说这些特殊人才,工资可以高一些,约三百五十元,加上每天二元四角的补贴,每月达四百元以上。

丁渝说收购工作是相当艰苦的,六出六进,十二小时值班。将收进的蘑菇漂白、装桶、装车、直送上海,然后空运到日本。日方的收购价每公斤为四元八角,而我们向农民收购,每公斤为三元四角,这中间的差额再扣除一切费用后就是我俩的了。

丁渝估计我在三个月中赚上四万元完全不成问题。至于个人所得税,不用担心,可以多立些人名空户头,吃工资额度,神不知鬼不觉的,另外还可以多报些消耗支出。丁渝说如果你有兴趣的话,每年收一次蘑菇就发财了……

丁渝的话在我的心中激起了阵阵波澜,丁渝几乎成了我心目中的上帝。这位现实的上帝向我指明了一条走向腰缠万贯光彩炫目的通天大道,我又惊又喜地怀疑自己是否在梦幻中。我被丁渝描述明天美好图景时的那种谈笑自若泰然处之的六家风度所深深折服。

"阿晨!"

我回过头,一辆天津大发车缓缓驶到我的身旁。我正诧异,车门忽然打开,是丁渝。这十字路口是不可停车的,那个皮肤黑黝黝的岗亭警察刚准备发话,丁渝早不由分说把我拉上了车。

车一溜烟跑了。

丁渝眼中布满了血丝,显得困顿疲倦精神不佳。

"你……"

"昨天分手后,突然来了电话,是上海办事处的,说存放蘑菇的塑料桶刚装来,堆放在吴淞码头。我只得连夜赶去,在附近叫了几个人搬了一夜。现在没事了……"

"你为什么不叫我一声?"我嗔怪着说。

"你昨天忙了一天,也够辛苦的。"丁渝懒洋洋地说。忽然她仿佛想起什么,笑起来,眼睛发亮,话题变了:"阿晨,你看这个……"

我转过身,发现身旁有个大纸箱,纸箱上的字标明了它是一台上海电视一厂出的十八英寸彩电。这是怎么回事?

"你买了台彩电?"

"阿晨,这是上海办事处送你的。"

"送我的?"

"对，送你的！"丁渝确凿无疑地说，"我什么也不愁，要什么有什么。我上次听你讲过，你父母做梦都想看彩电，你不是希望自己也有一台……"

"是这样。可是……"我犹豫不决地说。

"你看，我贪图方便，直接在上海华联商厦买了一台……"

我对这突如其来的施惠简直难以置信，睁大眼睛紧盯着丁渝。

丁渝粲然一笑，漫不经心地从那伴随着她的黑色公文包中摸出一张发票，"这是发票……"

上海华联商厦的发票，蓝色的印章上标明了特别消费税和国产化发展基金税分别为六百元和三百元，彩电的总价为两千六百五十元。

是真的吗？我好像在瞬间被人推进了梦幻中，喃喃地问，"这行吗？"

"怎么不行？"丁渝诧异地反问，"阿晨，你就收下吧。日本人有的是钱，一台彩电算什么，还不是吹掉一粒灰尘，九牛一毛？不要发呆了。看，到你家门口了……"

我忽然惊醒。面对这梦寐以求的大彩电忽然间魔术般地出现在我的面前，令我显得那样手足无措感激涕零。

我神思恍惚地和丁渝抬下彩电，搬进家里。

大彩电高傲地兀立在屋中央，黄色的包装纸箱闪烁着诱惑人的光彩。

"有电插头吗？"丁渝提醒说。

两人忙碌起来，拆开纸箱封纸，取出彩电，抬起，小心翼翼放在桌上，插入电源，拉开天线，屏幕马上出现了光彩夺目的绚丽世界。

"真好！真好！"我情不自禁地叫起来。

"阿晨，就这样吧。我该回家了。"

我想请丁渝坐坐。丁渝坚持要走，说是一夜忙碌疲惫不堪，无论如何要回家休息了。她约我明天早上七点钟十字路口见。我恋恋不舍送她出门。

大发车载了丁渝开走了。

父母下班后，得知这一消息，又看到货真价实的名牌彩电，是那样喜笑颜开爱不释手。左邻右舍闻讯赶来，把小屋挤得水泄不通，围着这昂贵的家伙七嘴八舌沸沸扬扬成一片。

"日本人就是有钱！""人家日本大老板送一台大彩电就像我们这儿送一盒火柴那样微不足道。中国人怎能与外国人比！"

"阿晨，那个日本公司如果招人，帮帮我的忙，让我也插一脚。我不会忘记你的……"

我站在一边傻笑，静静享受着这充满了惊讶艳羡嫉妒叹服的吵吵嚷嚷。

住在这条老街的人几乎都是无权无势无钱的贫民，要不，早就搬进有煤气卫生设备的高层住宅中去了。双缸洗衣机、黑白电视机、录音机一类千元内的家电虽然在这里很普遍，但是对于近三千元的大彩电，在这地段还是绝无仅有的。东头阿兴家有一台十四英寸的彩电，然而并不是买的，是他们花了五十元钱买奖券兑中的。

天不知不觉黑了下来。

我早晨和丁渝在十字路口碰头，然后到预定的收购点去看堆放塑料桶的场地，看住房，看能否安装自来水，然后与农户签订租房租场地的意向性协议。

丁渝端坐一边一字一句说，我则像个秘书一样把丁渝的话落实在纸上。一条两条三条，起草完后交丁渝审阅，丁渝满意地点点头。接着是房东签名，丁渝签名。

我跟随丁渝跑了十几天，落实了二十一个收购点。这些天的吃用开销全部由丁渝负责。

每天忙忙碌碌。

"阿晨，这么多天难为你了。看，你人也瘦多了。你休息几天，我去上海拿收购蘑菇的临时执照。执照拿来后，上海就会把钱汇入这里的银行。然后把所有人召集起，开个会，你只要指挥指挥他们得了。看你这些天跟我辛苦，心里真过意不去……"丁渝诚恳地说。

"丁渝，我不要紧的。再忙也只有三个月……"

"反正拿执照一个人就行，你去不去没关系。不要白白耗费精力了。"

是的，我确实感到了极度的疲劳。

六

我一觉睡到中午，觉得精神挺好，体力已经恢复。饭后，我忽然产生一种无聊冷清的感觉,于是就出了门。

十字路口一片乱糟糟闹哄哄,围观着许多人,有一个高昂粗浊的嗓门在喋喋不休。

"又是胖老板!"我笑了。

挤进人群,听到女人的哭声,我立刻明白了眼前可能发生的事,毕竟我在这里做了几年的"桩头"。果然,这个乡下女人的四条云烟十分钟前在爷们的突然行动中又被没收了。

"……烟是亲戚送的,造房后剩下十几条烟,自己舍不得抽。问村上人,也都抽不起这种高级烟,就出来换钱,想还掉房债。想不到……"乡下女人声泪俱下地诉说着。

"他们捉人就是捉像你这样的生面孔。我也贩过烟。他们有行动,事先早带口信来了。用他们的话说,'行动时,我们网开一面,放一只码头让你跑,先捉别人。你如果不跑,捉住就休怪我们了。听听,最倒霉的还不是像你这样的外来户老实人……"胖老板嚷嚷着,忽然发现了我,"阿晨,我的老朋友,这些天你躲到哪里去了?相对象吗?男的是谁?哪里人?多大了?"

"不是相对象。"我赶紧否认,"我有一点其他事……"

我不想把收购蘑菇的事告诉这个什么话也藏不下的胖老板。胖老板一旦知道,也许比我更激动,马上像扩音喇叭向全城广播,这会给丁渝招来不少麻烦,诸如求职借钱等等。

"我请大队开个证明,请村委会盖个章,证明这四条云烟是我盖房时亲戚送的礼,我不是烟贩……"乡下女人缠住胖老板诉说。

"你,算了吧。什么证明什么章,有屁用?!现在开个证明盖个章太方便了，谁都办得到，所以他们不会理睬你的。你想领回香烟？白日做梦！如果你活得太闲了，可以去一次，一张检查一笔罚款等着你，让你更加满意。"胖老板挖苦着。

"你如果有熟人在工商所也许拿得出的。"我忍不住插了一句。

"可是我并不是烟贩啊……"

"你这种乡下人怎么一点也转不过弯来？正因为你不是烟贩，所以会被捉住。你以为烟贩是好当的？常常要烧香。那些爷们来买烟，要半卖半送，来个感情投资。况且爷们和做儿子的烟贩都是这城区的人，天天见面，谁也保不准有一天爷们会栽在儿子或儿子的朋友手里。人家贩烟不会一辈子，互相之间客客气气岂不好？"胖老板缓了口气，"我说你家里如果还有烟就拿出来，统统卖给我好啦。放心，我不杀你的价，原价吃进。你约个时间地点，我来取，这不好吗？"

乡下女人似乎没听见，还在啰里啰唆重复着。

"拎不清的女人！"胖老板狠狠骂了一句，拉了我挤出人群。

"你怎么常来这路口？"我问。

"不是常说'老地方，老辰光'吗？"胖老板嘻嘻一笑，"在十字路口等人不冷落。总是我先来，我让让他，他就嗲了。阿晨，你找了对象，千万领来让我瞧瞧，打个分。放心，我不会抢你的。他一个人已把我缠得受不了……"

"我现在还不想。"

"还难为情？世界上有男人就有女人，男女在一起才快活。你现在脸皮好像薄了一点，待你找到了男人，被男人毛糙糙的手又捏又摸的,你的脸皮会变得牛皮一样厚的。我老阿姐有经验了!"

一阵引擎声传来。

我忙转过头,那辆污秽龌龊的摩托车由东头驶来。

"胖老板,你看他来了!"

"你比我还高兴啊!"胖老板狡黠地冲我一笑,走上前去。

车蓦地停下,胖老板上了后座。

"阿晨,再会!"车一阵风向南驶去。

我听到有人叫我,回头,是乡下女人。

"刚才那位胖阿姨说如果我家里有烟……"

我很快明白她的话,说:"你说的伴阿姨是个心直口快的好人,不会作弄你的。你有烟就藏藏好,明天这时候来这里……"

七

晚饭后,我在家里实在坐不下,匆匆坐了环城车赶到十字路口。丁渝说今天晚些回家,要取执照。我明白目前收蘑菇已万事俱备,只等那份执照。所以今天是个非司小可的日子。

天骤然变得昏暗,空中乌云翻滚起伏,很快下起了雨。天地之间一片混沌朦胧,喧响着"哗哗哗"的雨声。

路上除偶尔急驶过的汽车射来白蒙蒙的大束灯光外,风雨把路口所有的人驱散得干干净净。车过后,路面上的流水又迅即淌开,天地依然迷迷蒙蒙。

举目望出去,不见人影。

"也许丁渝早回家了……"我躲在房檐下心神不定地想。

路灯亮了。

我感到身上微微发冷,从路灯光亮处看,雨好像稀疏了许多。

"无论如何到丁渝家去一次,见了面问问执照取到没有就回家……"我一头冲出房檐,投进绵绵细雨之中。

"是你?"是他,丁渝的爱人。

"她回来了吗?"我问,总共才这么点路,身上淋得湿透,这令我十分难堪。我不时用手拂去脸上的雨珠。

"她马上要回家了。看,全身湿成这样,快进屋坐坐吧。"他诚恳地说。

我瞥见屋里还有一个妇女,估计是丁渝家的什么人,于是犹豫不决地点点头。我曾听丁渝提起过他,虽然含糊其辞,但是我还是知道他的外号叫"恋人",并且知道这个外号从中学时代就跟随着他。

屋里的摆设简陋陈旧,残缺不全的过时家具,四壁毛糙不平,显然没有粉刷过。连最普通的人家搬进时都会做的彩塑地坪都没有——依然是疙疙瘩瘩没有光泽的水泥地。

我感到困惑不解。

经介绍,才知道那个妇女是他的姐姐,住在同一幢大楼里。那妇女很快告辞了,屋里唯剩下我和他。

我惴惴不安起来,站起想走。

"瞧,你的衣服湿成这样子,怎么还能穿呢?换换吧,不要捂出病来。"他不容我的再三推辞，抱出一大堆丁渝的衣服，一件一件地挑，嘴里自言自语，"不是我吝啬，她像样点的衣服才那么几身，全是旧的。干脆，你自己来挑吧！"他转过身望着我，"赶快换衣吧，丁渝马上会回家的。她从不在外面过夜……"说完，就走出屋门。

我感到了瑟缩的寒意，身子微微哆嗦着，手脚冰冷。他一离开屋，我上前把门关了，赶快换衣。干松的衣服穿在身上，暖和多了，忙去开门。

他进屋端来了一杯热开水："喝吧。喝下会暖和一些。家里没有咖啡、茶叶什么的，我也不喝茶。只泡了一杯白糖开水给你，真不好意思。"

小间大约有六个平方。我坐的那只人造革三人沙发不少地方已经龟裂开，露出了里面黄褐色的海绵。我的对面是一张七斗办公书桌，书桌旁板上有一行白漆字：上海化研所。

他见我的目光停留在那一行白漆字上，忙不安地解释："这张书桌不是偷来的，我不会干这种事，这是单位里淘汰掉半卖半送给职工的，十二元。如果买新的，还不够买一条桌腿。我有发票……"说着站起来认真地要取发票。

我忙制止他。

"这把靠背椅好像是红木的？"我转移话题。

"你的眼力真不错。这是把真正的红木太师椅，乌黑发亮，上面的装饰浮雕也制作得相当精致。前几天，有人来收购旧家具古玩，出价八百要买它，我不舍得。当年父母传给我一整套红木家具，床、茶几、镜台、衣架、方凳、三门大橱、五斗橱等有几十件,是我父母结婚时用的。现在唯剩下这把太师椅了。"他的目光有些茫然,轻抚着座椅,沉默了,好像陷进了不愉快的回忆之中。

雨声喧嚣聒噪成一片。

"雨下大了!"我心神不安地说。

他仿佛回过了神,淡淡笑了,恢复了他的热情:"这里除了我姐姐外,很少有人来,所以我今天真感谢你愿意进屋来坐坐,我挺高兴。我在化研所工作,月收入连同奖金也有三百多,可是日子仍然过得紧巴巴的。我除了上班,在家就是写啊写的,都是科普小文章,投寄给报纸刊物,换一些稿费。我每月留下一百五十元作为家里的日常开销,其余的钱全交给她。一百五十元,单位里同事谁都不相信我怎么用。其实这很简单,我不抽烟不喝酒也不喝茶。她要添什么衣服,我就趁星期天去常熟走一次,那里的服装市场大得很,价钱便宜一半。上海的服装个体户都是从那儿批发的。扣去车钱,还便宜不少。我嘛?男人家,要什么好看。单位里发的工作服也穿不完。有时丁渝想吃海鲜,我就去浏河跑一次,把我姐姐需要的也带上,便宜一大半。比如带鱼,这里买四元五,而浏河却只有两元八。东西买来后,可以吃上一个多月。我姐姐家有冰箱,我的也寄在她家里。你如果需要,我以后再去也帮你捎带几斤回来……"

"不用了……"我近乎耳语般地回答。

我的神情仿佛十分认真地听他讲述着,思绪却抑制不住地翻滚。我判断着丁渝对我所勾勒的一幅绚丽的图画和我眼前所见所闻的一切的巨大反差,我感到自己如堕雾中,一阵晕眩袭来使我差点失态。

"我的话是不是太多了?"他发现了我的不安。

"雨停了吗?"我答非所问。

"你听雨声好像比刚才大了,气象台预报说今天夜里有中到大雨的。"

"真糟糕。"我心里想。

沉默。

雨声"哗哗"响着。

"我想走了。"我犹豫着说,"你能否借我一把伞或者一件雨衣?"

"已经十一点多了。你孤身一人回家我放心吗?万一出事,我怎么向丁渝交代?深更半夜的,又是风又是雨……"他顿了顿,"如果你一定要回家,我送送你。"

"不,不,这种恶劣天气,我会拖累你的。"我坚决拒绝了,但心里极感动。

"丁渝一定会回家的。我和她夫妻这么多年,是了解她的。我们聊聊吧。十二点一过,她如果还不回家,你就住在房间里,门上有保险的。我可以睡在这沙发上。你想,如果丁渝回家,这样的大雨天,她会让你走吗?"

"只能这样了。"我轻轻喟叹了一声,尽管这不太好。

为了使屋里的空气不至于这么压抑,我换了一个话题,微笑着问:"你和丁渝是自由恋爱还是别人介绍的?"

"那一年,我在安徽插队落户。那里穷得无法想象,干一天活四分钱。当时一根棒冰也是四分。我接到电报说母亲病危,要我速回上海。我哪来钱乘车？只能靠扒煤车、步行。煤车把我载到安亭车站，被人发现，赶了下来。我又饥又渴，昏倒在街头。被丁渝看到，把我扶进了她家，给我吃了馒头，喝了开水。大概是太疲劳了，我睡死过去，直到第二天中午才醒来。她给了我五角钱，我再三向她道谢。回家后，才知道母亲早死了十二天了。从此，在这世界上我只有一位亲人，我的姐姐。但是我从来没忘记过丁渝。恢复高考后，我读了四年大学，毕业后分到了化研所，仍然孤身一人。我找到了丁渝。她的日子正不好过，成天在家。我的到来使她十分高兴，我们很快结婚了，有一个孩子，由她乡下的母亲领养着。我和丁渝的恋爱过程大致就这么样……"

"丁渝最近在忙些什么？"我忽然想起。

"她总是那么忙，我从不去过问。她想做什么就做什么，我永远不会干涉她，也不想问。如果她愿告诉我，那么她会告诉我的。你说是吗？"

"是的……"我轻轻附和了一声。我从他的眼神中看出他对丁渝的忠贞不渝的爱意，我深深感动了。

"她是我的妻子，但有时我会把她当作我的小妹妹、我的女儿或者我的情人；有时又会把她当作我的母亲、我的领导、我的恩人……"他的声音逐渐低下去，埋下了头。

雨声。

他忽然站起来："我见到了你真高兴，太谢谢你了。我想你也不要再等丁渝了，回屋休息吧。"

我没有表示反对。阴郁的雨天，他讲述的又是一个令我情绪凄婉的缠绵故事。

我默默跟随他走进了房间。他拉亮了灯，关照了几句，退出去，掩上门。

我想把门保险上了，但是却发现保险锁已坏了。我愣愣地站了一会儿，苦笑着摇摇头，叹口气。

走到床边，我迅速把衣服脱了，钻进了被窝，瞬时有一种异样的感觉。我想起这被窝里天天睡着丁渝，还有他。我敏感地闻出了他的青涩的体息，这青涩气就像他这个人。

门外的小间传来他的咳嗽声，接着是走动的脚步声，虚掩的门缝中射进一条窄长的光线。

这使我清醒地意识到他，一个男人就在我的身旁。仿佛被什么狠狠刺了一下，心"怦怦"跳着，十分强烈。

"我对他是不是太轻信了？他对我讲那么多话是为了什么？丁渝会回来吗？我一个女孩家睡在这床上是不是太轻浮了？他是在等候丁渝还是在等候我入睡？等候我入睡干什么？难道想……"

脚步声消失了，屋外的雨似乎也停了，悄无声息。

"他在干什么？"这个念头鼓动着我，我翻身下床，赤裸着脚轻轻走到门前，从门缝里看小间。

他仰靠在那把乌黑发亮的红木太师椅上，一动不动，好像睡着了。

我重新蹑手蹑脚回到了床上。

"他是真睡着了，还是给我一个假象呢？他说有门保险，怎么会是坏的呢？天晓得他想干什么……"我的身子紧紧蜷缩着。

我想象着我睡着了，他悄没声息地推开门，脱了衣服钻进被窝抱住了我。我不知道自己会不会反抗？也许会，也许不会。想到这里，我忽然记起自己连续两天没洗澡了，况且今夜内裤内衣也没有换，那内裤上还打着几处补丁。"我真该死，怎么胡思乱想……"

翻了几个身后，也许是确实疲倦了，意识逐渐模糊，很快睡着了。

一觉醒来，天已大亮。房门大敞。

我惊跃起身，有些失魂落魄。

"出了什么事吗？"我赤了脚呆呆地站在床边。良久，恢复了神智，似乎发现身上没有什么异样感觉。"但是，这房门怎么会大开的呢？"我忐忑不安地想。忽然感到身上发冷，发现自己仍半裸着身子，便匆匆忙忙穿衣出房门。

小间没有他！也没有丁渝。

我茫然失措，不知如何才好。

外屋的门突然开了，是丁渝。

"丁渝，你回来了？！"我感到莫名的委屈，想哭。

"我昨夜回家的，你正熟睡，所以没有惊动你。"丁渝放下小竹篮和钢精锅，"我刚才见你仍在睡，就下楼买些早点……"

"丁渝，昨夜你怎么那么晚回家？"

"末班车没了，后来我叫了辆出租车。"

"执照拿到了吗？"

"上海有人专门在搞执照，我昨天就因为等这个人才晚回家。执照这两天批下，他们说会送来的……"

"能批下来吗?"我今天对丁渝的话显然已经不那么确信了,太多的事使我困惑不解。

"这还用问吗?"丁渝莞尔一笑,"中国缺少的是外汇,当然多多益善,只是我们现在办事情往往特别复杂麻烦……"

八

一连两天,我都没有见到丁渝的影踪。

我几次想去丁渝家问问,但想起那个清瘦修长的他,就却步了,不知怕什么。我相信他是个好人,相信丁渝拥有这位好人是十分幸福的。

丁渝说过让我等候在家,一有消息马上会来通知我。我从来没有像现在这样充分享受着彩电的魅力。然而,因心中有事挂牵,眼睛盯着五彩屏幕却心不在焉,时时留意着门外的动静。常常因脚步声的逼近而坐立不安,声音渐渐远去又怅然若失。

晚饭后,我在家里实在坐不住,心烦意乱,"我老是这样闷坐在家里会憋出毛病的……"我想。"啪哒!"一声关上电视机,走出了门。

在我的眼里,天地窄小得好像除了路口,没有地方可以去。我原先贩烟的位置,已经被那对安徽回沪的夫妇占了。

胖老板仍在路口高谈阔论。

"我什么活都干过,贩西瓜、卖糖炒栗子、午夜三更卖南货、搞服装、贩海鲜,不要说你这种茶叶蛋摊头了。说起我胖老板,这地区哪个不知道……"胖老板突然刹住话,"我的那位搭档'亨特'来了!"

我没有上前,胖老板没看到我。

胖老板在众目睽睽下跨上了她的搭档"亨特"的摩托车,一溜烟跑了。

"胖老板好像活得比我们都快活轻松……"我想。

人群还没走散。

一阵急促的警笛声由远至近呼啸而来,转眼间,那蓝白相间的巡逻警车以及四辆三轮摩托车出现在人们的视线中。车至十字路口,车速忽然放慢,警笛声消失,巡逻车驾驶室里的电喇叭蓦地响起威严的声音:"收起来!统统收起来!"

于是,路口的众多无证摊贩一个个显得慌张而忙碌,收拾起东西时刻准备迅速逃跑。闲散的行人则兴致勃勃地驻足观赏着事态的发展。

车队拐弯了,警笛声重又响起,声音渐渐远去。

一切买卖又照常进行,讨价还价声依然不绝于耳此起彼伏。一场虚惊!原来又是例行公事。

"国庆节一过,生意又容易做了。"我想,"只是我告别了'打桩模子'的生涯!"

屋外淅淅沥沥下起了雨。才十月中旬,气温忽然间降低了不少,有一种深秋季节的萧瑟。

父母睡在里屋,他们的鼾声一高一低在屋里回旋缭绕着,几乎掩住了屋外的雨声。我早已习惯在这种酣畅的鼾声中静悄悄地飞进梦境。

"丁渝不会来了，睡吧。"我喃喃自语着，侧过身，意识渐渐模糊……

忽然响起敲门声，轻轻的。

"谁？"我的睡意顿时全无，直觉告诉我，是丁渝。丁渝把执照带来了，明天开始就要大干一场，蘑菇在十七日左右将达到收购高潮。

敲门声继续。

我滑下床，急步走到门口，抓住门锁，手颤抖着拉开了门，是丁渝，果然是她！

"咖啡有吗？请倒一杯咖啡。"丁渝这些日子的脸色一直不好看，阴惨黯淡，慵懒困倦，大概是过度疲劳引起的。

我忙冲了杯咖啡端上，"执照带来了？"

丁渝喝了一口咖啡，喘口气，苦笑着说："阿晨，告诉你一个不幸的消息，这件事流产了……"

"怎么回事？"我吃了一惊。

"市里不同意。说如果要搞出口，只能通过上海市进出口公司，日本方面不能单独干，这样会抢了国内的生意。上海一些食品厂早在各个乡镇设收购点，我们的收购价格高出他们许多，他们大为恼火。显然，如果我们有了执照，他们必定一斤蘑菇也收不到……"丁渝冷冷地说。

我明白了，这些日子的努力全部付诸东流。如果从经济角度看，我并没有吃亏，我得到了一台大彩电，但是期待两个月以后一跃成为万元户的梦破产了，我心里挺难过。

沉默。

响起里屋床架"嘎吱嘎吱"的声音,是父母在翻身,鼾声停下了。"阿晨,你怎么还不睡?"母亲睡意蒙眬地问了一句,鼾声又一高一低响起了。

雨声似乎大了,清晰得令人感到阵阵寒意。

"我得回家了……"丁渝忽然打了个寒噤,起身告辞。

"你就住在这儿吧。"我真心挽留。

"我的那位会等急的……"丁渝惨然一笑,走到门口。

"慢着。"我喊了一声,走到丁渝面前,却又一句话也说不出。

"我走了。"丁渝"啪"地打开自动伞,一头钻进了无边无际的雨帘之中。

我倚靠在门档上,望着消失了的丁渝,心里难受极了。一阵阵莫名其妙的悲哀袭向我。

雨愈下愈大了。石子街在灰白的路灯照耀下,闪烁跳跃着晶亮的雨珠。灯光之外,则是一片深沉模糊的黑暗,喧响着纷杂的雨声。

我再也忍不住了,"砰"地关上门,扑倒在床被上,像个孩子一样嘤嘤地哭了。

九

一切是那样地无可奈何。

命运仿佛注定我与烟有着某种亲昵的关系,我的身影不得不重新出现在十字路口。

天渐冷了。

一切如同过去。丁渝一如以前那样有规律地在早晨匆匆出现在路口，傍晚重复一次。

"去啦?"我见到丁渝总是这样喊一声。

"上岗啦?"丁渝笑盈盈地招呼。

傍晚，丁渝从南路口出现。

"回来啦?

"不下岗啦?"

天天如此。

我感觉丁渝似乎比过去白嫩得多，好像年轻了好几岁。丁渝总是来去匆匆，我们极少对话。丁渝也不再停留在我面前，偶尔互相聊几句，双方也竭力避开那件令人伤心透顶的收蘑菇事。

胖老板一如既往地常来光顾我，这无疑在我枯寂无聊的生活中增添了某种乐趣。况且胖老板从来不吝啬钱，出手大方，乐意助人。

"阿晨，我贩烟那阵，每逢他们采取统一行动，没收我烟时，我就带上我那位无法无天又被我饿肚子喂足开水的小无赖跑到他们的办公室里。小无赖大显身手，坐桌子，爬地上，拉屎撒尿，要吃要喝，哭爹叫娘，使他们无法工作，直到把烟退回我……"

我憋不住地笑了。我早听人们提到过胖老板，除了苦笑就是摇头，以致后来谁也不想去惹这女人了。

"他们就是这样，吃硬不吃软，不怕凶只怕穷。"胖老板嚷嚷着,"但是阿晨,我心里总明白一点,贩烟是非法的。算经济账也不合算,工作量多少?一天十几小时。阿晨,听我一句,跟我到大市场里来干,我帮你弄个摊位。我和他们都熟悉,一月上交几十元摊位费,合法又合算,收入绝不比贩烟差。也不必晒日头吹野风,把个好端端的漂亮姑娘晒得像风干腊肉老太婆。只要你阿晨点个头,我这个老阿姐决不会袖手旁观。当年我的那个他不是穷得被我剥衣服?现在呢?有自己的摩托车,有烟抽,有酒喝,还有个丰满的情人胖老板……"胖老板百无禁忌地哈哈笑起来。

"胖老板,让我考虑一下好吗?"我心动了。确实,经过那起"收蘑菇"事件之后,我也不太愿干这"打桩模子"的行当了。

"阿晨,听我一句,不会错!"

在胖老板的帮助下,我顺利进入了本地区最大的农副产品交易市场,做起了水发干货生意。

我从此告别了"打桩模子"。

不知怎的,当我真的不再去十字路口时,竟产生了一种深深的失落感。我不愿再碰上那位让我留下不少困惑的丁渝。那破灭了的发财梦,曾使我颓丧至极。毕竟是这喧闹熟识的路口才让我又一次恢复了心理平静的。

十

物换星移,斗转参横。送走了秋菊冬梅和春兰,迎来了炎炎的盛夏。

更深人静。

响起了敲门声。

我匆忙起床，开门，是胖老板。

"阿晨，吕林从 S 市挂来了长途电话，要我转告你，十天后随他同上东北采购海蜇……"

胖老板为此特赶来通知我。

她带来的消息对我来说不啻是件大喜事。

关于吕林在那一年仅一笔海蜇生意净赚十八万的爆炸性新闻，不仅仅在 S 市的个体老板中引起轰动，就是在上海、杭州、宁波、无锡等大中城市专营海蜇的个体户中也是个暴富的典型。

它所带来的广告效果就是谁都眼馋羡慕又妒忌无奈。谁都想追随那位神通广大的百万富翁吕林闯一次辽东湾，学一手暴富经验。

每谈到吕林，胖老板总显得那样神采飞扬。看得出，对于吕林的暴富，她是极羡慕的。

吕林是胖老板多年来水发生意上的朋友，胖老板从吕林那里批进海蜇。用胖老板的话来说，她比吕林暴发得早，当吕林全部资产不到五千元时，她早已是万元户了。但是吕林这两年如同坐火箭，转眼间成了百万富翁，令她自叹不如。

胖老板的大部分钱是在前几年社会大兴吃喝风中暴发起来的。当时，我们这地区的农贸集市大楼内的干货水发摊仅她一人，没有竞争对手，水发货在市场上露面不久，她就净赚了十几万。后来出现了竞争对手，而且竞争对手越来越多，她又不满意每年万把元的收入,于是改了行,与人合伙贩起了猪肉。

从胖老板的话中,我隐约听出了她与吕林同闯过东北,只是她对此行讳莫如深,不愿提起,我也不好意思问下去。

我在年初向胖老板提出想随吕林去东北,她向吕林转达了我的愿望。

个体老板间的一切交易围绕着一个"钱"字。正像在老板中流传的一句笑话:"一个鸡蛋被个体户摸了一下就少了一层壳。"

吕林同意了,但要索取一万元的手续费。经过几个月的讨价还价,降到了两千元,少一分不干。无奈,我想发财,只得忍痛点了头。

"阿晨,渔民除了现金,拒绝其他结算方式。你尽可能多带钱去,钱越多生意越容易做。"

我涨红了脸说:"我最多只能筹到四万,倾家荡产也只能是这个数。我又没有借钱的习惯,这四万元还是我在马路上日晒风吹摆摊贩烟才积聚起的。"

"四万就四万吧。"胖老板苦笑着说。

我狂热的脑海渐渐平静下来,考虑着去东北的具体事情。

"报纸!"邮递员将当天的《新民晚报》扔进屋子。我拾起报纸,社会新闻版上一行触目惊心的标题映入眼帘:

一起抢劫杀人案的侦破

我无心细看内容,信手翻阅了一下近半月的社会新闻版,谋财害命诈骗强奸抢劫拐卖妇女儿童的消息随处可见。

我变得惶惶不安心烦意乱起来。

一些外省个体老板纷传上海的治安情况在全国算是最好的，说最突出的一点，你可以携带巨款走夜路。要在外地可不一定，天黑了，你最好甭出门，否则或许就有陷阱将你吞没。

虽然我与胖老板是多年的朋友，彼此建立了信任感，但是对于那位神秘的吕林，我从没见过面，我能信任他吗？想起不久前和丁渝的那场扯不清的交往，我不由得忐忑不安。要知道此行我将携带四万现款，这是我多年来的全部心血啊！

前途不再那么光彩炫目，倏忽间变得模糊不清影影绰绰。

我在沙发上坐不住，站起走了几步又焦躁地坐下。

"他是温州人，温州曾一度风行冒牌货。他会是骗子吗？万一是他精心设计的陷阱怎么办？"我发呆，种种不祥的预感涌上心头。

我后悔吗？

两千元手续费付出了，讲明是不能索回的。

怎么办呢？

我愈想愈恨自己的轻率疏忽。

十一

傍晚。高大宽敞的农贸集市大楼，顾客渐渐稀少起来。

摊位前忽然来了一个陌生的男子，头发油亮光洁，挺括的黑色西服，手提咖啡色密码箱。

在这大楼里，大都是来去匆匆的家庭主妇，眼前的大阔佬模样的人并不多见。

"你要买什么？"

他谛视我，微笑。

"你要买什么？"我重复一句。

"你长得挺美，很有气质……"

"我要收摊回家了。"我催促。

"你叫阿晨？"

"你是谁？我并不认识你……"

"我手里有一笔四十多万元的水产大生意，我正在找客户，发现你挺合适……"

他点燃起一支外烟，叼在口中，吸了两口，那动作优雅高贵。"现在就看你能否与我配合……"

我淡淡一笑，不想与他谈下去。

我已有经验，浪头大没有鱼，口出狂言的人决不能信。如果他说有几百元的生意，我或许还会感兴趣。

我沉默着收起摊位。

"看来你不相信我？"他摸出精致的名片盒，抽出一张，递给我。

名片上赫然印着上海D区与江苏省S市两个商业部门的总经理的头衔，地址、邮编、电话俱全。

"哦，赵总经理……"我不卑不亢。

"见了面就是朋友。你叫我老赵吧。"他故作谦虚状。

作为多年在社会上抛头露面的我，早见过各种各样的人。要说名片上的职务,我阿晨也可以印上个总裁经理之类的玩玩。谁不知道如今这东西成了某些人招摇撞骗的帮凶,只要与印刷厂有点小关系,完全可以随心所欲地自封一连串职务而无人追究。我的一个朋友就为七岁儿子印过"工业公司副总经理"的头衔。

他望着我,眼睛闪烁着轻佻狎昵的火花。

我开始警惕,但也不想得罪他。

我歉意地说:"你有什么大生意明天来这里谈好吗?我今天收摊后还有事。"

他略一犹豫,无可奈何地苦笑,离开。

天近黄昏。

我无意中回头,一怔。

他竟跟在我身后。

我不得不停下脚步,"你,怎么……"

"阿晨,这附近有舞厅吗?"他彬彬有礼地问。

我回答。

"我能请你这位美女跳舞吗?"

"我不会。"

"我教你。"他不等我是否应诺,"就这样定了,七点三十分舞厅见。我顺便同你谈谈那笔四十多万元的水产大生意。"他潇洒地向我摆摆手,告辞。

我发愣。

前面,他正与胖老板打着招呼。

"胖老板认识他……"我眼前一亮。

我与迎面走来的胖老板打招呼，悄悄问："你认识刚才那个老赵？"

"他是个大名鼎鼎的人物，我怎么会不认识？他缠上你了？"胖老板问。

"他一厢情愿地要在舞厅等我，说有一笔大买卖要商量。"

"你去吗？"

"当然不会去。我感觉到他有点空，浪头太大了。"我老实说。

"有些女人喜欢像他这样掼浪头的男人。这家伙是个色鬼，前几年在这里承包过一家饭店，雇用了几个安徽小姑娘，饭店里搞得乌烟瘴气，通宵营业，天知道半夜十二点后有什么生意。工商所得到不少群众反映，说看到这家伙像个大地主似的躺在躺椅上，四个姑娘给他捶腿的捶腿，捏肩的捏肩。这还了得？他们半夜去突击检查，在饭店的小阁楼上，一男四女混居一起，楼下还有个女的望风。工商所当场中止了他的承包合同，对承包单位说谁都可以承包这饭店，就不准他承包……"

我猛想起，许多年前我曾听到过这件事。"想不到竟是他……"

"此后听说他又去外地承包什么厂、商店、鸡场，五花八门，什么都能承包，有人称他为承包专业户。他除了一张善于哄骗人的嘴，既没资金，又缺德行。都说他是'白露里的雨，落到哪里坏到哪里'，而社会上偏偏有人相信他。比如有的单位搞承包，要承包人每年交一万，谁都不敢上。他说可交一万二，说得有根有据，好像是个人才，最终被他吃喝玩乐搞女人，费用全作为交际费打入成本,不亏损才怪。但因承包亏损,法律奈何不了他。打一枪换个地方,一个快活的承包专业户……"

临分手,胖老板再三关照我不要与这种人接触,说是好人和他在一起也会学坏的。我连连感谢胖老板的叮嘱。

十二

我还在睡梦里,被一阵敲门声惊醒。声音清晰得令我心惊肉跳。

"谁?"我颤声问,拉亮灯。

惨白的灯光在屋里抹上了一层朦胧伤感的色彩。

"阿晨!阿晨!"来人转而敲卧室的窗子。

"是胖老板。这女人一大早来有什么事?"我想。因是盛夏季节,起床也方便,开门,请她进屋。

"刚才吕林挂来长途,要你马上赶到 S 市,傍晚乘去东北的火车。"她急切地交给我一张纸条,上面写着吕林在 S 市的地址。

"阿晨,你赶快准备。下午有班长途车到 S 市。"

我被这突如其来的消息惊得目瞪口呆。

上次不是说十天后吗?这消息突然得不给我思考的余地。

"现在的问题是去还是不去?不去,那么两千元的手续费就白扔了;去,万一是个骗局怎么办?"

我猛想起我的一位中学女同学的遭遇。

三年前,这位姓李的同学正是被温州人花言巧语骗离上海,卖到了穷山区,还生了一对儿女。家里人都以为她死了。不久,李有机会上附近小镇时,趁便写了个空信封,写上山区的地址和自己姓名,寄到上海。家人收到这个空信封,马上明白了一切。在公安局的帮助下,李才脱离了苦海。

现在诸如李的遭遇会不会在我身上重演?

然而如果随吕林去东北确是个暴发的机会呢?要知道不少同行在羡慕我。

左右为难。

金钱是力量,人生像赌台,赌徒需要凭运气。在这个社会,有多少人沉醉在虚幻的神话故事中,不管有钱与没钱,都渴望一天之内成为万元户、十万元户或百万元户。

"去,一切见机行事!"我将自己的一切作为赌注,决定与不测的未来赌一下。

我开始忙碌,到银行取款、准备替换衣衫等,用不了两小时全准备好了。

离下午的长途汽车开车还有一段空闲。为自身安全起见,我参照报纸上所载各类刑事案例的特点,反复揣摩,定下了五条外出的规矩:

1. 不与任何陌生人攀谈;

2. 身上放少许钱备路上花,其余巨款不露眼,免得使人起歹心;

3. 不吃不喝别人的食物茶水等,谨防下药;

4. 钱不离身,即使夜里睡觉也必须将钱抱在怀里;

5. 夜里不睡死，千万警觉。

我相信，如果遵照这五条规矩，一般是出不了什么事的。不过我还是作了最坏的打算，如果我出去一星期没有消息，请家人速去报案。反正逃得了和尚逃不了庙，有胖老板这条线索提供给公安局，顺藤摸瓜足够了。

父母对于我的远行，苦劝不成，拉着我的手哭哭啼啼不放，好像与我生离死别似的。

面对父母的一片慈爱之心，我的心被紧紧揪痛了。我唯能做的是不停安慰和强作笑颜。

十三

暑气熏蒸，骄阳如火。

我毅然决然登上了去S市的长途汽车。

那系着我命根子的四万巨款分成四扎，用牛皮纸包着，放在一只陈旧的蓝色牛津挎包里。

为了今天的成行，我对自己的形象作了重新塑造。早晨起来没有梳妆打扮，换下了艳丽时髦的连衣裙，穿上不起眼的长裤衣衫，就像个外地盲流人员。我希望被人认作一个身无分文土里土气的女人。

座位是不对号的。我来得早，选了个靠车窗的座位。我将牛津包紧紧抱在怀里，心里重温着那五条规矩，这是我的护身符。

忽然一个熟悉的人影出现在车门口。

我差点失色叫起来。

真是冤家路窄,是昨日所遇见的那位老赵。

我赶紧扭转了头。

他在车门口站了站,寻觅着。很快,那目光停留在我的脸上不动了,淡淡一笑,径直走来。

心怦怦跳着,脑海里一片混沌。"这家伙的出现与我的成行必有联系!"一时,窗外的景色我什么也看不见,全部感觉都在密切地捕捉他的行动。

脚步声渐近,停下,呼吸声。

我忍不住回头。

他拍拍我的肩,笑着说:"阿晨,昨夜害我在舞厅等了你两个小时。今天你虽化了妆,仍逃不过我的眼睛。"

他在我旁边空位上坐下。

对他的无礼行为我感到恼怒和无奈。我没有理由赶他走。

车开动了。

我本能地将包紧紧抱住。

前面修路,坑坑洼洼,崎岖不平,车颠簸着。

他常借着车厢的晃动故意将身子靠上来。

我无法躲开。

"你最好把包放在行李架上。你看,这么热的天,有谁像你这样把包抱在怀里?"他将头凑上来,轻声说,"除非你的包里藏有巨款。"

我不理睬他。

他的话里是否隐藏着什么阴谋?是个危险的信号?于是我心

里更加紧张。

车窗大开，风迎面扑来。

我仍满头大汗，顾不上擦汗，衬衫湿透了，贴在身上极不舒服。

他又搭讪几句，见我不理，冷冷笑着，"看你，这是何必……"他打了个呵欠，仰起头靠在座上瞌睡。

我怀疑他的瞌睡是迷惑我的假象。真没料到一出门就被人跟踪。

我后悔出门了。

S市。

下了车，我按纸条所指方向上了一辆公共汽车。

腰部被人轻轻碰了一下，我忙回头。

老赵正嬉皮笑脸望着我。

竟又是他！我以为摆脱了他，不知什么时候又被他盯上了？

"他究竟想干什么？想抢劫吗？"这个想法残酷得令我双膝一阵发软。

本来要坐半小时的车，我为尽快摆脱他，仅一站就匆匆下了。

一辆出租车正缓缓驶过，我挥手，车刚停下，我忙上前拉开门，慌慌张张登车而逃。

十四

我朝四周张望着，没有发现老赵。

"他终于被我摆脱了!"心中好不轻松。

车轻捷地将我载到了 S 市的城乡结合部。这里没有高楼大厦,没有熙来攘往的车马喧嚣,没有繁华嘈杂匆忙,有的只是平房矮屋和凹凸的泥路,还有寂静冷落悠闲。

如果不是我偶尔瞥见路边那块歪歪斜斜的路牌所指,真不相信身为百万富翁的吕林会藏在这种鬼地方。

前面出现了一块大空地。

空地上杂草丛生,杂草裸露着奇形怪状的石块,还有碎砖破缸以及锈蚀不堪的铁桶。左侧有个油毛毡简易棚,好像是个茅坑。正前方围墙的大铁门上,白漆标着门牌号。

我付了车费,车开走了。

周围寂静无人。

我盯着门牌号,迟疑了一下,敲门。

门"吱呀"开了,是个年轻女子。

"这是吕林家吗?"

她上下审视着我,"你就是上海来的阿晨?"

我将胖老板写的纸条递上。

她自我介绍说是吕林妻,领我进大门。

围墙内有两个三四岁的孩子在玩耍。

见到孩子和女人,我的警惕性不由得放松了。

我被带进了他们的卧室。

这难道是百万富翁的家吗?

一只破旧的大木床,床上有几把蒲扇和杂乱的旧衣服。屋里到处是纸箱、麻袋包、塑料浴盆、废弃的煤炉、铁桶、黑色的塑料方桶。没有冰箱，没有吊扇，最为奢侈的是一架老得掉牙的十二英寸黑白电视机。

"这架旧电视机如在上海收购，决不会超过三十元。"我想。

她倒了杯冷开水给我。

我尽管口渴，却不敢喝。盯着白开水，冒出一连串的疑问："这会不会是胖老板精心设计的一个骗局？"

她告诉我胖老板为我的事来过多次，还指着那两个孩子说，这是吕林的一对儿女。

"吕林呢？"我问。

"这不……"

我回头。

门口一位脸色黧黑高大魁伟的男青年。

他就是大名鼎鼎的吕林！

互相寒暄。

他说，他突然通知我，是为了路上安全，尽可能不走漏风声。须知，我们将携带巨款走。

"不少人要跟随我去东北，给一万元手续费我都没答应。胖老板从年初起盯上了我，要我带你去。经再三考虑，你是个女性，安全系数高，也给胖老板一个面子，我才同意了……"他点燃起一支烟。

是廉价的前门香烟，六角一包。当前除了生活清苦的老人抽抽外，没人要这种烟。

吕林妻喊吃晚饭了。

我感到尴尬难堪手足无措。我牢记着经过自己反复揣摩定下的规矩,其中之三,正是"不吃不喝别人的食物茶水等,谨防下药"。我坚决拒绝。

他们催促得生气了。

我犹豫不决,如果继续坚持不吃饭,恐怕失礼。

然而万一呢?

吕林一把拉下我肩上的牛津包,面有愠色:"你还背它干什么?吃饭!吃饭!"

我的心怦地一跳,想将包夺回。

包被扔到了大木床上。

吕林妻不由分说拉我往门外走。

门"砰"地关上了。

我惶遽惊恐。

"阿晨,没关系,你尽可放心,这里安全着呢。"吕林妻说。

我仿佛被绑架一样。

我已经身不由己了。我若坚持"钱不离身",会伤他们的自尊心,会使他们产生误会。我没想到,才转眼间,事情便变得如此糟糕。

我和吕林妻进了灶间,一张陈旧的小折桌上放着几样菜,一碗汤。盛菜的塑料盆皆因老化或高热成了七歪八扭的扁圆形,放在桌上站不稳。一盆灰不溜秋没有光泽烂成一团的小鱼,一碗黑糊糊的猪肺头,一盘颜色成枯黄的隔夜青菜,一碗清汤上浮着几颗虾米与几片紫菜。

面对如此粗劣的菜肴,我呆住了。那散发着的阵阵怪味令我肚里翻腾起来,想呕吐。说实在,我在上海街头见到乞丐吃的东西也比这强得多。

吕林妻和后走进灶间的吕林却大口大口吃得津津有味。

他们催我吃。

"我不习惯吃这种菜……这小鱼已经变质了……"我嗫嚅着。

"什么变质?"吕林抬头说,"我们从来就这样吃,身体一直挺好……"

我苦笑一声。

我心里忽然产生个疑问:"吕林是百万富翁吗?会不会又像丁渝那样?难道我落进了胖老板和吕林共同设下的陷阱了?"

那只被吕林拉下的包,四万巨款……

"我想拿东西……在包内……"我吞吞吐吐地说。

吕林妻放下饭碗,站起。

一进卧室,我的目光急切落到大木床上。

牛津包不翼而飞了!

四万元,我全部的积蓄!

"我,我的钱……"我失魂落魄地喊道。

"啊,你的包呢?"吕林妻诧异地问,"我刚才明明看到包放在床上的啊。"急忙跑出门喊吕林。

我的头顶仿佛被人狠砸了一下,昏昏沉沉地要倒下。

吕林走来笑着说:"刚才你儿子爬到床上寻玩具,看到阿晨的包要翻弄,我就将包扔在墙边麻袋上了。这不……"

牛津包在一人多高的麻袋包上。

我顾不得一切,惊慌失措冲上前,一把抢过包,似乎没空瘪。仍不放心,心急如焚地拉开包拉链,用手翻动,看到牛皮纸。摸出纸包,打开,四扎百元面额的钞票,似乎没少。我想数一数,是否每扎一百张。我担心被人抽去几张。我回头。

吕林夫妻在笑。

我没有勇气当他们的面去数钱,会引起他们的不快。"也许是我神经过敏了……"我想。

"阿晨,你别急。如果有贼偷上这屋里,我们比你更倒霉。"吕林妻说。

"阿晨,你猜猜,这屋里有多少钱?"吕林问。

我摇头,寻觅钱的影踪。

被麻袋包挡住的侧边有只半人高的绿色保险箱。

"我猜想你们所有的钱在这保险箱里。"我开口说。

吕林没说什么,走上前用钥匙插进保险箱锁眼,拨动密码,箱门打开了。

箱里两扎钱,全是十元票面。另有一些票据,除此之外,空空如洗。

我疑惑不解。

"这是用来装门面的,"吕林解释说,"几十万上百万元的个体老板家里虽然一般都有保险箱,但是巨款决不会放在里面。保险箱里最多不会超出几千。保险箱保险吗?好像保险,其实最不保险。举个例说,如果遇到持刀抢劫,刀架在你脖子上,叫你打开保险箱,你说这时保险吗?不知胖老板是否对你讲过,我就遇到过这种事。几个温州同乡闯进我的住处,扬着尖刀。我没法子,打开保险箱,箱里仅有一千几百元,被他们全敲诈去了。报案吗?你别太天真,公安局还没来,他们会红了眼杀了你。还举个例说，你有钱，有人就会来借钱，这种年头，借出去的款子很难讨回，即使讨回，成冤家的多。你不肯借，说没钱，对方要你打开保险箱，你说怎么办？那么保险箱买了干什么呢？在S市，谁都知道我是百万富翁，不买个保险箱不像话而且更不安全。阿晨，你说对吗？"

"那么钱会藏在什么地方呢？"我心里想却不敢问。一个敏感的话题，问得不好会徒然引起吕林的猜疑。

"你知道胖老板把钱藏在什么地方吗？"吕林问。

"她没告诉我。"

"她把钱用塑料袋包扎后放在一只废水泥袋里，再放进一只烂铁桶里，上面是破鞋烂布空罐头，扔在屋角里，谁也不会注意。话又说回来，这是她前几年藏钱的法子，如今早变了。要不她也不会告诉我。阿晨，你说对吗？"

我的目光悄悄在屋里寻觅着诸如烂铁桶一类可疑的藏钱处。尽是可疑处，又尽无可疑。一个矛盾的答案。

吕林弯腰从床底下拖出一个被捆扎得方方正正的被盖，拎到床上："阿晨，你猜猜，这里面有多少钱？"

"钱会放在被盖里吗？"我茫然。

吕林解开被盖上的麻绳，将那床肮脏的被子裹开，是黑油布包装的大包。解开油布，赫然出现一扎扎齐整的大面额钞票。每扎用粉红色的塑料撕力带捆扎着。

我惊奇地抬头。

"猜猜有多少？"

我摇头，喘气很粗。说实在，除了在银行的柜台上看到过这么多钱外,我从没见过私人会拥有如此多。

"这里有三十五万。"吕林望着钱,眼睛闪烁着光芒,显得很激动。"前几天,我从银行陆续提出四十二万,其他二十八万是我家里的现金。"

面对这惊人的巨款,我产生小偷般的慌张不安。

他从床底下又拖出一个被盖,放在床上,"这里还有三十五万。"

这位乞丐模样的男子是个货真价实的百万富翁!

离沪以来一直绷紧的神经终于松弛下来了。我确信付出的手续费随着跟他去东北会有加倍收获的,我暗暗高兴起来。

吕林将被盖重新捆扎好,外面用废旧薄膜包起,"我们是不是可以算账了?"

"算什么账?"我惊愕。"那两千元手续费难道胖老板没给你?"

"不是手续费,是我这两天为你花的钱。"他摸出一本工作手册。

"为我花的钱?"我困惑。

"从S市挂上海的两次长途电话。到邮局的来回车票,路上喝过两杯茶。还有,今天你在我家的饭钱。三菜一汤和饭,马马虎虎收你三元钱。现在上饭店三元钱能吃什么啊……"他显得特别慷慨大方,"总共八元四毛六,零头算了,你给我八元四吧。请你验收一下,我记载得清清楚楚……"他将工作手册递上。

我万万没想到这位大阔佬竟会如此斤斤计较,悭吝得令我不敢置信。

我苦笑着拿出十元钱："算了，不用找钱了！"

他坚持找还了零头，还让我便宜了六分钱。为了这六分钱的平白支出，他又是一番慷慨大方的言辞。

我实在忍受不了他的"大方"，又怕与他关系搞僵，急忙将话题支开："吕林，我的钱放在牛津包里安全吗？"

他接过包，摸出装钱的纸袋。从床底下找出一只破蛇皮袋，将纸袋紧密包住重放回牛津包："这样行了，即使被人用刀子把牛津包划开，发现里面是蛇皮袋，会以为是不值钱的东西……"

"包上要不要挂把锁？"

"挂锁反而不好，招人注意。"

吕林妻来催促，要准备去火车站了。

吕林换下旧衣，穿上破衣，活脱戎了一位乞丐模样的穷光蛋，谁见了都不会把他与老板的形象联在一起。

"出了门不要与陌生人攀话。如果有人问起，说是去东北打工的。"他再三关照。

我点头。

吕林告诉我，此次去东北，还有两人。一人是他长期雇佣的小工，另一人是老板。他说东北 G 镇小工价高，每天二十元也下不来。而自己带去小工便宜，还可兼当保镖。

十五

同行的两人来了。

我大为震惊。

其中之一竟是老赵!

"怎么样?没想到吧?我说你逃不了就逃不了。"老赵嬉笑着,破旧的西服,拎着一只没有光泽的破蛇皮袋,袋口用麻绳扎了口,"阿晨,你还躲避我吗?我难道有那么可怕吗?"

因与老赵同行,我不得不解释为了路上安全才躲避他,也不得不给他一张笑脸,热情一点。

"阿晨,你这么一笑,更令我想入非非了!"老赵胁肩谄笑着。

我躲开老赵的目光,转向那位小工。

是个二十多岁的年轻人。他正忙碌,从围墙里推出黄鱼车,将两个被盖搬上车。

"刚才进门时听你的口音好像是广东人?"我问。

他淡淡一笑。

吕林在一边指挥着他。

我默默地看着这位干得满头大汗的广东小工,广东人上北方打工我还是第一次遇到。我疑惑不解,从来听说广东人做生意比上海人还精明,怎么会出来打工?

"阿晨,你带了多少?"老赵悄悄问。

"四万。你呢?"

"不多,三十万。"

"放在蛇皮袋里?"

"这种破烂的袋扔在大街上也没人会拾,最安全的。"

吕林上了车,叫我也上。我看看衬衣湿透的广东小工,于心不忍:"天太热,骑车也吃力。我跟在车后走走行了。"

"我怎么称呼你呢？"我问广东人。

"袁洪。"

袁洪蹬着车，车上载着吕林以及藏着七十万巨款的被盖和藏着三十万巨款的破蛇皮袋。

车速不快。

我和老赵跟在车后。

"第一次上东北？"老赵问。

我"嗯"了一声。

我讨厌他总往我身上挤挨。因是同行，我不想把关系搞得太紧张，没有去指责他。我相信他看得出我的讨厌。

"我听胖老板说你是个漂亮姑娘，我就高兴极了，有心帮助你。我昨天特地赶到上海来接你，你的臭架子却乱搭，骄傲得像个皇后，我反倒像个奴才。我这是好心不得好报啊……"

我无奈，只得道歉。

"阿晨，像你这么漂亮的姑娘跟三个大男人同行一个来月，你的男朋友会不吃醋？"

"我没有男朋友……"

"那太好了！"老赵情不自禁欢呼起来。

"你说什么？"

"我说太好了。我和你都是单身汉，恋爱起来没有外界干扰。阿晨，我向你保证，一路上我会象真正的恋人一样照顾好你的……"

我又羞又恼转过头不去理睬他。

S市的火车站呈现出改革开放后所特有的生气勃勃的繁华景象。车站建筑古色古香，与这集中了宋元明清历代园林建筑艺术精华的江南文化古城相吻合。

虽是盛夏酷暑，站前广场上仍车水马龙，熙来攘往。

袁洪将东西搬下车后，将车送回吕林家。其余三人在车站等候。

广场一侧，两个身穿超短裙肤色不怎么白皙的学生模样的少女，正搔首弄姿举止轻佻，没有具体对象地左顾右盼。

"阿晨，你看人家多开放！"老赵目不转睛眺望着两个少女说，"要在过去，我早就上前了。"

袁洪用小扁担挑着被盖。他一身皱巴巴的破衣服已洗得发白，有几处小洞没补。上衣掉了大部分纽扣，袒胸露肚的，裤带用麻绳替代。脚上一双已修补多次的塑料凉鞋，没穿袜子。头发乱糟糟的。相比之下，我和老赵的衣服虽破旧，却强得多了。吕林的服装介于老赵与袁洪之间。

老赵肩背着蛇皮袋。

无论从哪个角度看，这是一支真正的打工队伍，谁也不会将我们的形象与富翁相联系。

走进车站大门，两边尽是佩戴着红袖章的检查人员。广播喇叭里一遍又一遍响着禁止易燃危险物品上车的通知。

乘客排队进站。

我心神不定地跟在吕林他们身后。

我担心吕林他们在接受检查时那被盖、蛇皮袋及我的牛津包的巨款会在众目睽睽下曝光,这对我们今后的旅途安全将构成多大的危险——谁能保证看到巨款的乘客中没有歹徒呢?而且当车站检查人员发现我们的巨款、一笔惊人的百万巨款后,会不会将我们当作盗贼或流窜犯等扣押审查呢?

"下一个!"检查人员喊。

终于轮到了我们!

袁洪走在前面,将被盖卸下肩,后面的老赵神色慌张,额上渗出了细汗,或许担心巨款的暴露?

"这被盖里夹带什么没有?"检查人员命令,"打它打开!"

恐惧的一幕终于揭开了!我的头"嗡"地一响,木然等待事态的发展。

袁洪忽然走上前,头移向一个年纪稍大的女检查人员,喁喁私语了什么。

"你们几个人?"检查人员问。

袁洪一一指出。

"走吧。"她手一挥,"下一个!"

我长长舒出了口气,怀疑袁洪认识她。在走向列车途中,我实在憋不住,悄悄问袁洪。

"我老实对她讲,这被盖里尽是钞票,她就明白了。车站对乘客的安全也负责的,况且他们又不是第一次遇到这类事。"袁洪小声解释着。

火车"眈当眈当"地向东北飞驰而去。

被盖及蛇皮袋塞在吕林床位下。

我有点惊讶,悭吝老板吕林怎么会舍得坐卧铺而不去买更便宜的硬座。

"喂,小姑娘,你是干什么的?"

是对面铺位上的一个中年男子在向我发问。

"打工的。"我礼貌地笑了笑。

"打什么工啊?"

我一下子被问住了。我没料到会问下去,灵机一动反问:"你是干什么的?"

当然我也没料到我的问话会引出对方的一番喋喋不休来。

他向我讲述自己如何发家,说他在S市车站附近开了一家工艺品商店,专门经营全国著名画家的画。当然这些画全是赝品,他本人就是个模仿大师。由他临摹的名家的画,画家本人也难辨真假。他告诉我,他手下雇佣了八个画师,全是五百元一月高薪请来的,这些画则全部卖给外国游客。他说外国游客花了几百元买一幅假冒的中国著名画家的画带回国去,也可以假冒几万元一幅的真迹呢。

画师喜欢炫耀。在画师絮絮叨叨中时间过得飞快。

车停几分钟。我匆匆下床,从车窗外的流动摊买了一大包面包、水果、饮料等。这些食品仿佛与我久违了,感到尤其亲切。

我喊吕林、袁洪一起来吃。

"唉,这多浪费……"吕林皱皱眉说,"这钱是你自己花的,不能分摊的。"

我原本没想到过要分摊给别人,我还没有吝啬到这种地步。我没有理会吕林的话,自顾吃开了。

吕林取了个杯子叫袁洪去灌开水,袁洪不多时端来了。吕林递给他两个自己制作的没有馅的馒头,自己也两个。

老赵不在,一定又去找那个圆脸女列车员了。他上车不久就搭讪上了,很少回到铺位上。

我不好意思当着两个同伴独享,一定请他们。他们却坚决拒绝。

"你们怎么啦?"我实在不明白。

"我过惯了这生活。"袁洪流露出深深的谢意,"好心人总会有好报的。"

他们和着开水,吃完了馒头就躺下了,仿佛为了减少消耗。

在沉重的车轮和钢轨的"咣当咣当"撞击声中,一天一夜过去了。

我惊愕地发现,二十四小时中吕林与他的雇工的全部伙食仅四个没有馅的馒头。除了吃,就是躺在床上。真是不可思议。

我无法坚持请他们共享我买的食物。我听得出吕林话音中的**警惕**,仿佛我准备敲诈似的。

十六

列车经过几十小时的奔驰,终于到达了它的终点站 B 市。

列车到达 B 市已是深夜十二时多。

当我们四人肩挑被盖,手拎蛇皮袋,蓬头垢面邋邋遢遢步出车站时,活像要饭的乞丐。没想到,如此形象在车站外也会被各种拉客的人包围。

"住旅馆吗?""吃饭吗?""要车吗?""跟我们走吧,有吃有住,特别便宜。"……

"我们没钱。"吕林开口说,"我们都是出来打工的。"

"这么晚了,旅馆总是要住的。我们的旅馆最便宜!""跟我们去吃碗面条吧,便宜得很!"……

"再便宜总是要钱的,我们没钱。我们今夜睡在广场上。我们买不起面条,我们啃自己带出来的冷馒头。"吕林一再解释。

拉客的人看看无望了,扔下一句"穷鬼",悻悻地去追其他的乘客。

车站广场。

灯光将我们四人的身影斜斜画在地上,极其清寒幽冷,使人平添一种淡淡的悲凉情绪。

"吕林,我们真的要宿在广场上?"我不安地问,"住旅馆不行吗?"

"住旅馆该花多少钱?太划不来了。"吕林说,"宿在广场上比较安全。"

"大地作床,我和你同睡一张床上不是挺有意义的吗?"老赵幸灾乐祸地说,"这次你躲不开我了,我和你同床了!"

我愣愣地站立着。

袁洪似乎早明白吕林的意图了，躺在地上，头枕着被盖，望着天在沉思什么。

吕林与老赵也躺下了。

"喂，阿晨，你躺下啊，我都快等得痴了！"老赵用手捏了捏我的小腿。

我避开两步，忽然产生孤立无援的感觉。

不远处，有不少人东倒西歪露宿广场上，也有女性。那模样与我们差不多，被盖、包裹。也许那是些真正打工的贫民。

良久，我觉得没有必要硬撑着充潇洒，人为地将自己与他们分隔开。我理应入乡随俗。

我在原地躺了下来，坚硬的水泥地透出的清凉，令我感受到了一股寒意。

"阿晨，你在想男人吧？"老赵不知什么时候在我的身旁躺下。

我没理他，翻过身。

"阿晨，你没老公，我没老婆，就像和尚遇上尼姑，烈火碰上干柴……"他嬉皮笑脸地说，竟将身子贴紧了我，手臂软软地挽上了我的腰。

我怵然一惊，触电般地跳起，想骂什么又忍住了。

我走到袁洪的身旁。

袁洪转身看到了，冲我微笑着点点头。

我轻轻躺在他的旁边。他不会胡来的，我相信。

仰望天空，一片深沉的靛蓝色中闪烁着黯淡的点点滴滴的星光。我侧过脸。

袁洪仰卧的剪影。

不知他在想什么？这两天，我发现他除了干活，话极少，十分深沉的样子。我产生了了解他的想法。

"袁洪，你干了几年小工？"我轻声问。

"四年。"

"你自己难道不会找个饭碗当老板，为什么要老板给你个饭碗呢？"

"你想帮助我吗？"他转过脸。

"我发现你很勤快，也很聪明。我们这次采购完后，我在上海留心帮助你办个营业执照，我另借你几千元起家，我就是这样起家的。你当了四年小工，大概总有几千元积蓄吧？"

"我，没钱……"他低声说。

"你全花了？"

"我打小工只求老板喂一口饭，不要工资的……"

"找不到打工的活？"

"不是。"

"是老板不肯给？"

"是我自己不要工资。"

"那为什么呢？"我奇怪地问。

"阿晨，你总想躲开我，原来是看上了他……"老赵又像蛇一样游了过来，缠上了我，"你们谈恋爱谈得好开心啊！"

"老赵，请你不要胡说八道！"我忍不住喝道，"你这人从来没有一句正经话！"

"老赵，别闹了，抓紧时间休息，还有五个多小时又要赶路了!"吕林开了口。

老赵讨个没趣,安分了。

我又换了个地方躺下。

天穹散发出朦胧的清辉,睡意惺忪的夜风轻轻拂过广场,四周沉浸在一片寂静忧伤之中,时而传来远处影影绰绰的人语和脚步声。

十七

"谁是老板?"一个陌生的声音猝然响起。

我急转眼。

我们周围突然出现了十几个人。因光线黯淡,看不清对方的脸。

我们惊跳起来,显然发生了情况。

"谁是老板?!"声音愈显威严。

我们面面相觑,不知所措。

"你们有什么事?"袁洪小心翼翼地问。

"我们是来找你们老板的!"来人操着浓重的东北话音。

"我们不是老板,都是出门打工的。"吕林说。

"出门打工?你们骗得了别人,却骗不了我们……"来人从口袋里掏出香烟,一一散发。

吕林他们没接,烟落到了地上。

"老实说,像你们这种冒充打工的老板已不是小鱼小虾了。我们有足够的证据可证明你们是大鱼大老板……"来人猛吸了口烟,又说,"要我们说证据吗?"

"你们弄错了,我们确实是出门打工的。"吕林的话音中出现了颤抖。

"打工?哈,这个借口太富有想象力了。在 B 市打什么工?我们自己待业在家的也有不少,还轮得上你们南方人干吗?"来人哑然失笑,"当你们走出车站时,你们的小扁担被弯得太过分了点。如果被盖里没钱会这么沉吗?如果被盖里仅藏着几万元钱会这么沉吗?你们当我们是孩子?你们知道我们是干什么的吗?"

"你们怀疑……被盖……有钱……"吕林哆哆嗦嗦地说,"其实……的确没钱……"

"你颤抖的话音正说明我们的估计是准确的。"来人十分高兴,"你说被盖里没有钱吗?"

"没有钱……"吕林咬了咬牙说。

"那么你们敢打开被盖让我们检查一下吗?"

"为什么不敢呢?"吕林理直气壮地说。

"那么请打开吧。"

"我们为什么要打开给你们检查呢?!"吕林的态度强硬起来。

"为什么?"来人冷笑一声,"听说过东北虎的厉害吗?"他将手举起,打出个响亮的响指。

十几个人马上缩小包围圈,将我们紧紧围住。

一切都有可能发生。

"我们也不想难为你们,我们相信你们所讲的一切都是真话。相信你们是来东北打工的,相信你们的被盖里什么也没藏。我同情你们,想将你们的破被盖换换新,换上鸭绒被子。这样的事你们一定乐意干吧?"来人掏出皮夹,抽出几张钞票,"这里是五百元钱,足够你们买几床高级被子了……"

"不!不!"吕林心慌意乱地喊。

"你是老板吗?"来人问吕林。

吕林嗫嚅着。

袁洪忽然上前一步:"各位朋友,你们找老板有什么事吗?"

"你是老板吗?"

"我是老板。"袁洪回答。

"听你口音是广东人?"

"朋友判断得真准!"

"广东大老板多,我们相信。说广东小工上东北,谁也不信。老板你说是吗?"

袁洪轻声笑了起来。

"现在正是海蜇捕捞季节,你从南方上东北一定是来采购海蜇的。我们想请你去看看货,我们有一大批海蜇头要出手。"来人说。

"有多少货?"袁洪问。

"一千六百多桶。"

"什么价?"

"七元二。"

"货在哪里?"

"不远,半小时的车。"

"货好吗?"

"你去看了就知道。保你满意。"

"行！我随你们去看货。"袁洪胸有成竹地说，随后转身吩咐，"阿晨随我去看货，听这价钱还可以。老赵和吕林先去广场东边的远大饭店住下。如果货可以的话，可能在饭店要住上两天。"

我犹豫了一下，此去凶吉未卜。我将牛津包交给吕林，吕林神色黯然地接过了。

"你们租一个三人房间，阿晨一个单间。"袁洪向我要了五百元交给吕林，"这是房租费。你们可以走了。"

吕林、老赵肩挑被盖，手拎蛇皮袋，背着牛津包，在众多东北人的簇拥下上了一辆出租车。

车向广场东边驶去。

我和其他东北人跟随袁洪走向不远处的出租车。

真是戏剧性的一幕，才短短几分钟，袁洪从一个打工的穷光蛋忽然假冒成腰缠万贯的广东大老板了，而同行的三人竟不约而同默认了他的假冒。

然而，除此之外，还有什么办法呢？

我是信任袁洪的。我暗暗有些高兴，还没到达目的地，在这里便有一批便宜海蜇头。我离沪时，十六铺的海蜇头批发价也在十三元以上。只是东北人的这种气势汹汹的买卖方式不免叫人有些胆颤心惊。

危险似乎消失了。

藏着一百多万巨款的被盖、蛇皮袋和牛津包带走了。出门前定下的五条规矩，难以做到，也无法做到。直到现在，我才相信携带巨款出门在外决不能拘泥于现成的条条框框,一切得随机应变。

想起吕林、老赵乞丐般的模样,在几个东北人的护卫下跨进霓虹灯彻夜闪烁跳动、富丽堂皇的远东大饭店时,那些风度翩翩的服务员会是如何惊讶!

想到这里,我轻轻笑起来。

车厢里一片沉默,唯有发动机的隆隆声。黑暗中谁也看不清对方。

"到什么地方去?"我问。

"别问!"袁洪低沉地说。

那个带着浓重东北口音的声音在车厢里响起:"你们到东北做买卖千万要小心。B市曾有外地老板被人捅了刀,用网一卷随船出海,扔进大海喂鱼,干得神不知鬼不觉的。东北虎啊……"

对方公开向我们摊牌了。我想起前不久闻名上海全市的劫车杀人案,听说案犯就是从东北来的。我隐隐感觉到问题并不是我所想象得那么化凶为吉了。我分明感到车厢里所充溢的各怀鬼胎的压抑气氛,我开始惶惑不安。

"朋友,作为闯荡江湖的老板,你所说的那种游戏我也偶尔玩玩。"响起了袁洪的声音,有点满不在乎玩世不恭,"我先后同四个人开过玩笑,他们不经玩,都半死不活的。我想扔上些钱私下解决,人民政府却认真起来。唉,蹲了两次大牢,前后七年……"

我吓了一跳。我以为袁洪是个好人,没料到是个从山上下来的劳改释放犯。

"广东大老板,你玩的是小把戏,质量远不如东北虎。"傲气的东北话。

"我走遍了大江南北。去年我在温州花了一万元买了五支走私手枪,又雇了几个枪手。后来想想,你无论怎么玩,总玩不过人民政府。要说玩的质量,人民政府最高。"袁洪步步为营,老成持重地说,"我记得去年,你们这里有三只东北虎不是说谁见谁怕吗?最后被人民政府轻而易举送上了天。听说上刑场时,没了一点虎威,个个吓得屁滚尿流呼爹喊娘的……"他大声笑了起来。

"老板,我们不谈这些。我们和你都是买卖人。你来看货,我供货。看好货就谈价钱,谈得拢就成交,谈不拢交个朋友。老板,你说是吗?"

"如果确实是好货,价格一谈妥,马上一手取货一手交钱,这是全世界生意人的规矩。"袁洪说。

车厢里恢复了沉默。

车速开始放慢。

道路高低不平,车颠簸抖动得厉害,时而响起车轮坠入坑洼时飞溅的水声。车里的人随着车的晃动而摇摆着。

忽然响起了此起彼伏的热闹的狗叫声。透过车窗,四周出现了星星灯火。

车驶入了一个村庄。

"货在哪里?"袁洪问。

"随我们来吧。"

沉闷的杂乱的脚步声。路上泥泞不堪，有一股浓郁的腥臭味。

在朦胧昏暗的月色下，我必须努力保持谨慎，才不至于双脚陷入随处可见的水洼污泥中。

我一声不吭紧随着袁洪。与他在一起，我感到安全。

转了不知多少个弯，终于停下。

两扇漆黑的大铁门。门外的东北人一喊话，东家赶紧开门。

当我随众人踏进大门时，"唬"地一声，从门侧窜出一条黑影，吓了我一跳。

"没关系，锁着呢。"东北人说。

狗狂叫着，一次次向人群扑来，却一次次被链索拉回。

"去！去！"房东呼叱着狗。

进屋。寒暄。

接着看货。货在院里。

我第一次看到如此宽广的大院，简直像个足球场。院中高悬着一盏孤零零的灯，用竹竿支挑起。在昏黄的灯光下，隐约可见院的一侧排满了黑黝黝的塑料桶，分两层叠放。

"货全在这里，约一千六百多桶。"货主说。

"行。正好一个车皮。"袁洪说，"阿晨，走，看看货的质量如何。"

我想说我什么也不懂。我的嘴嚅动了一下，终于没讲，跟上了袁洪。

众人紧紧相随。

袁洪爬上塑料桶，走到里侧，大声问："里外的货一致吗？"

"全一样。做生意要讲信用!"货主回答。

袁洪揭开一桶盖,抓起海蜇用手使劲捏着、验着。上上下下抽查验看了几桶。

"怎么样?老板,货挺好吧?"货主问。

"桶里的上下货质量一致吗?"袁洪问。

"如果不一致可以退货。"

"行。我就喜欢像你这样干脆直爽的货主!"袁洪赞赏地说。他验看完毕,回头说:"进屋谈吧。"

"老板,你满意吗?"货主忐忑不安地问,递上了毛巾和水盆。

袁洪匆匆擦了把脸。

人群又随着袁洪涌进屋子。

我在炕上坐下。袁洪叫我一起看货,我什么也没干,也不知该干些什么。我好像一个局外人。

我抬头打量屋子,发现炕竟如此之大,整整占了半间屋子。墙上张贴着各种色彩艳丽的吉祥图。

货主发烟。

满屋男人的目光全注视着袁洪,咄咄逼人,屏声息气窥察事态的发展。

"货不错吧?"货主问。

"一般的货。"袁洪沉稳地说,"你们要价多少?"

"在广场我们已讲了,七元二。"

"如果我将你们的一千六百多桶货全部吃掉也这个价吗?"

"当然可以商量。"货主思索了一下,"你回个价吧。"

"七元。"

"这价杀得我们够惨了!"货主脸上露出痛心疾首的样子,连连摇头,"不行!不行!"

袁洪表示多一分钱不收。货主的态度也异常坚决,七元一,少一分钱不卖。双方处在僵持阶段。有人出面打圆场,接着又讨价还价起来。

我在这种马拉松式的讨价还价中感到不耐烦了。我心里早就欢呼着货主出的价。就凭这个价,我投入四万,在上海最少可尽赚一万元。这个数对我来讲是一笔从来没有过的大生意了。

袁洪仍坚持七元成交。有几个人对袁洪的寸步不让忿忿不平,要插嘴,常被货主喝住。

难堪的沉默。

货主低头拼命抽烟,痛苦思索。

我觉得袁洪的坚持太过分了,但是又不便插嘴。

货主忽然抬起头,仿佛受尽了委屈,苦笑着说:"就算我们朋友一场。依你出的价……"

"七元?"袁洪喜形于色眼睛发亮。

我哑然失笑。

在这场艰难的讨价还价的斗智中,袁洪硬是把价钱拉下了二角。算算这一千六百多桶的海蜇省下了多少钱?乖乖,竟达一万四千多元!

袁洪要求同货主签协议,货主同意了。袁洪起草,在协议上写明了有关海蜇成交的一些具体细则。一切按惯例,所以用不了半小时妥然解决了。

双方在协议上签了字。

"阿晨,你身边有多少钱?"袁洪问。

"干什么?"

"交押金。"袁洪解释说,"如此便宜的海蜇,如不交押金,万一中途货主变卦将货卖给愿出更多钱的客户,我们今天的努力岂不是一场空吗?"

"不用!不用交押金!"货主急忙摆手,"你们既已验看了货,签了协议,我们决不变卦!"

我身边仅剩四百元,取出给袁洪。袁洪不顾货主的婉拒,将钱放在炕上。"这四百元的押金虽少了点,但也算是押金。早上八时三十分,我们派车来装货。请为我们叫一些帮工。"

"行!"

"一切按协议办,决不能反悔!"

"决不反悔!"

"就这样定了!"袁洪说。

握手道别。五个人护卫我们回远东大饭店。

二〇四房间里除了吕林与老赵,还有四个东北人监视着他们。双方各不搭理,关系十分紧张。

东北人坐在沙发上,抽烟。

吕林与老赵守护着藏巨款的被盖、蛇皮袋及牛津包。

高级组合音响轻松愉悦的旋律悠扬萦回着。

大概双方都在等候着生意成交与否的消息,当一见到我们进门,马上迎上来。

"袁洪，货看得怎么样？"吕林急切地问。

"货一般，可是价七元。一千六百多桶我全包了。"袁洪将协议递上。

吕林看完协议，大喜过望。忽又忐忑不安地问："他们会不会赖账，将货卖给别的客户？"

"我已交了押金，并且定下上午八时三十分派车去装货。他们赖不了。"

监视吕林他们的东北人得知成交的消息，也喜笑颜开。

一个皆大欢喜的结局。

双方的关系一下如春风化雨，仿佛久别的朋友重逢一般。

"今夜早点休息，七时三十分起床吃饱肚子准备大干一场。"袁洪吩咐，转身对东北人说："这里是大饭店，十分安全，他们放心回去休息，早上见！"

东北人招呼着走了。

我想舒舒服服洗个澡。走进卫生间，放水，正准备脱衣，忽闻敲门声，我只得前去开门。

竟是袁洪。他向我挤挤眼，有些狡黠。

"我想洗澡了。"见他返身关门，我有些不安。

"我有几句话要讲。"

"天亮讲不行吗？"

"今夜一定要讲。"他喟叹一声。

"你说吧。"

"上里屋去。我想老赵一发现我不在，马上会找来的。"

进里屋，我请他坐，他没坐。

"阿晨，也许你不知道，今天东北人设下了一个大圈套诱骗我们去钻……"

我大惊失色，"不是签了协议，又交了押金吗？"

"这一切天亮对你讲。"他心事重重地说，"你洗完澡后马上睡，早晨五点起床，把账结了，叫上一辆出租车。五点三十分我们马上离开B市……"

响起了敲门声。

"一定是老赵，他以为谁都像他那样好色。"他苦笑一声，"他不放心跟来了。"

"究竟出了什么事？"我满腹疑团。

"没什么大不了的事，我已稳住了东北人。这件事我只有同你商量了。"

"为什么？"

"你知道，我是个穷光蛋。我没有钱去结账，没钱叫出租车……"

"那么吕林呢？"

"路上对他们说吧。"他垂着头轻声说，"我怕他为押金、房租、出租车等费用与我争吵起来，我担心因此会误了近五十万的大事。"

敲门声愈来愈焦躁。

"就这样。"他倏忽转身去开门，"阿晨，我拜托你了！"

果然是老赵，他一进屋马上急盯着我们，那目光令我十分不快。

"袁洪，你偷偷摸摸跑到阿晨房间里，关起了门在干什么?!"老赵气势汹汹地问。

"老赵，你别那么以小人之心度君子之腹，好吗？"我忍不住说。

"君子？这家伙会是君子吗？一只大灰狼。天热衣服单薄，如果我迟来一步，也许你们早在床上赤身裸体搂作一团了，用不了多长时间就可完事。阿晨，你别瞪着我，我是挽救了你。当你挺起了大肚子，你眼泪鼻涕再多也无济于事了。总之，一句话，袁洪是只大灰狼。你别信他的甜言蜜语……"

袁洪宽宥地淡淡一笑，出门。

我恨老赵的血口喷人，我没有疾言厉色与他争辩，用力将他推出了门。

回到卫生间，浴缸中的水放满了，我脱衣跳入水中，清澈温和的水浸没了我，刚才老赵带来的不快被水的舒适驱散了。水声哗哗，悦耳动听，我感到阵阵快意酣畅。离沪两三天来，我还第一次洗澡。

洗完澡，浑身轻松，上了席梦思床。床垫弹跳了一下，忽又想起袁洪的叮嘱，使愉悦的心情蒙上了一层阴影。我不明白出了什么事？

"如果东北人要抢劫，在广场上就可以抢了，何必要拖到天亮？也许是袁洪的疑神疑鬼？"这个想法马上被我否定了，"现在一切按照袁洪的吩咐办就是了，他一定有他的道理。"

我打了个呵欠，确实疲劳了。"还是早点休息，五点起床吧。"我将羊毛毯盖上身子，不久便沉沉睡去。

十八

轻轻的敲门声将我惊醒,猛想起袁洪的叮嘱。

敲门声消失了。"大概是袁洪。"我看看表,整五点。

我匆匆起床,从牛津包中取出钱,去结账并叫出租车。

匆匆上车。

车向几百里外的G镇驶去。

车厢里的空气压抑沉闷。吕林阴沉着脸。袁洪眼圈四周一片黑晕,显然夜里未睡着。老赵则小心翼翼,不敢再讲无聊的话。

良久沉默。

"袁洪,你说把事情告诉我,究竟发生了什么事啊?"我实在憋不住了。

"当今社会上一些人热衷于假冒。我想,这几个东北人之所以要我们连夜去看货自有一番苦心。我检查了十几桶,每桶上面一层薄薄的海蜇头,而下面全是沙蜇头!"袁洪望着窗外说。

"是沙蜇头?!"我惊愕。我不了解东北的海蜇行情,但是在上海十六铺,沙蜇头的价格每斤才二元,即使这么贱,也根本无人去光顾它。它几乎集中了海蜇头的全部缺点,朵儿细长,好像老太婆缠脚布,有些拖泥带水附赘悬疣的样子。其肉质不像一般海蜇头所具有的食之脆嫩口感坚实有韧性,它柔软没有光泽。总之,没人喜欢它。

"我跟了吕林两年多,多少还懂得一些海蜇的行情。当我发现这批货是假冒后,只得将错就错。艰苦地讨价还价,签协议,交押金，一切为了使他们相信，我们是如此迫切需要这批货而没有发现它的假冒。要不，我们怎么能脱得了身？"袁洪的目光中隐藏着丝丝忧郁。

"那么如果你当时直接指出它是沙蜇头，是冒牌货，你不要，他们难道真敢抢劫吗？"我大感不解。

"抢劫也许不敢。但是这批沙蜇你不要也得要，而且必须当作真正的海蜇头吃进……"

"他们真的如此蛮不讲理吗？"我问。

"是的，我说的一点也不过分。举个例子说，因为B市与G镇的海蜇差价比较大，去年G镇的海蜇大老板宋带了一百多个打手兼小工来B市收购，B市的货主也是用沙蜇头来假冒海蜇头，当然掺入的数量远不如昨天那么疯狂了。其结果怎么样？双方争吵起来，混战一场，宋老板因为熟悉B市市场，改带的人马多，硬是压倒了地头蛇。这笔生意没成交，双方受伤的各有几十人，不少人挨了刀。宋老板当场将受伤的人抬上车撤离了B市，逃回G镇。要不然，万一B市货主再次聚集起人马，宋老板也许要吃亏了。而我们呢？从遥远的南方来，可谓千里迢迢，才四个人，其中一人又是女的，有宋老板的魄力吗？值得我们蛮干吗？"

"难道当地政府不管？"我简直忿忿不平。

"管，当然管。这里年年有人被枪毙，然而年年有杀人抢劫。退后一步说，有不少事各地政府根本不知道。你夜里在车上没听东北虎将人杀死用网卷了扔进大海喂鱼做慈善事业吗？在你们上海能这么干吗？当然，也许这是一种传闻。不过，作为客商，宁可信其有，凡事处处小心谨慎不贸然行事，你说对吗？"

是啊，袁洪讲得有道理，在上海，有多少杀人狂对尸体的处理毫无办法。常有报道说杀人案犯将尸体藏在大橱、壁橱、床底下、瓦洞里，或将尸体分解了扔在垃圾桶抛进河里，最终总因尸体发臭或从河中浮起等原因而破案。夜里东北虎的话是极有威胁力的，尸体变成了鱼的食物而消失，这多可怕……

我暗暗庆幸因袁洪的机智而躲过了一场厄运。我想讲几句诸如感谢袁洪的话，嘴唇张了张，终于什么也没说。

吕林却疾首蹙额地发话了："袁洪，我不管你的什么借口。我不懂老板究竟是你还是我？你好神气啊，一个小工忽然间假冒成大老板，还说人家是假冒。你假冒得像模像样，安排住高级宾馆，安排出租车，大方得到处扔钱，一甩手就送人家几百元。没有收到一斤蜇，钱却送掉了上千元。现在你说这上千元该怎么办？"

"吕林，袁洪也是为了大家……"我忍不住为袁洪鸣冤叫屈了。

"为了大家？"吕林忍不住冷笑一声，"白白扔了上千元为了大家？看到大家钱多而帮助花掉？说花钱，谁都会，还用得着他来帮助吗？"

"吕林，他如果不这样干，不仅仅花掉一千元，而是扔掉五十万啊！"我实在搞不懂吕林是怎么想的。

袁洪脸色苍白，紧抿着嘴，不发一言，凝视着车窗外。

"吕林，这样吧，我讲几句话供你们参考。"老赵开口了，"袁洪是个打工的，夜里算是过足了老板的瘾。不过，客观上确是为了大家。他是个穷光蛋，也不收购一斤海蜇，叫他负担这一千元显然是不可能的。我提个建议,这千元的钱打进G镇收购海蜇的成本中,平摊在每斤海蜇上大概只有几厘钱。吕林,阿晨,你们看呢?"

"我同意老赵的建议。"我松了口气。

"你们同意,你们去分摊,我决不同意。"吕林斩钉截铁地说,"这一千元,我一分钱也不会摊!"

"你……"我万万没想到一个百万富翁会如此蛮不讲理,如此一毛不拔。

"我的钱不偷不抢是辛辛苦苦挣来的。我何必要花冤枉钱呢?!"吕林铁青了脸,声音愈来愈响。

"吕林不分摊一分钱,那我也决不分摊。"老赵淡淡地说,"我还没有那么傻……"

"你们……"我气得结舌瞠目。

袁洪回过身低声向老赵要了支烟,点燃起,深吸一口,缓缓吐出了浓重的烟雾。仍然凝望窗外,三缄其口。

"你们……宾馆是你们住,出租车你们乘,你们有什么权利不分摊?!你们说啊!"我的喉头痛苦地抽搐着,愤怒地喊,"你们不去谢袁洪在广场上的挺身而出,反而……"

"这样吧,阿晨,你刚才说的也有一定道理。宾馆我住,出租车我也乘。我愿意出我的份额,二百五十元,其余的我不管了。"老赵插话,"吕林,你呢?"

"我早说过了,为什么要重复?我根本不想住宾馆,我在广场上挺好的。我也根本不想坐出租车,我可以乘坐价廉物美的火车。如果一定要我出钱,最多我花上十几元的火车票钱。这是合情合理的……"吕林冷若冰霜地说。

"阿晨,都怪我。这花去的钱我会还你的,我一定会还你的……"袁洪轻轻叹息一声。

"你不去偷和抢,拿什么钱去还她?!"老赵冷嘲热讽地说。

"袁洪,你没错,你什么也没错!你不用还我钱,不用,不用!我虽然不是个百万富翁,可是我还不至于把铜钱看得比磨盘大,还不至于……愚蠢到这种地步……"我的眼前变得一片模糊,我说不下去了,只觉得巨大的委屈一阵阵袭来。泪水顺着我的面颊慢慢地向下滚落。我别过了头,不想让吕林、老赵见笑,也不想增添袁洪的苦恼。

一切归于沉寂。

十九

上午十时三十分,车终于到了G镇。

在中国地图上,G镇在辽东湾东北海岸边。G镇是我们采购海蜇的目的地。据说这一带的海蜇质量为全国最佳,故每到海蜇捕捞期间,从广东、福建、山东、浙江、江苏等来自全国各地的客商便云集这里,几乎是清一色的个体大户。上海最大的批发市场十六铺的海蜇也大半来自G镇。

秋娟旅社。

吕林扣响了铁门上的锁链,叫喊着"大妈!大妈!"

门里的大黄狗愤怒地狂叫起来。

一个丰腴的东北老太很快走出屋子，开门，看到吕林，笑起来："你又来啦，快进屋住！进屋住！"

走进屋子。我发现，与夜里所见的卧室大同小异。

一个大炕占了半间屋，炕上是彩色塑料带编织的席子。半新的淡黄色的组合式家具，大彩电，一对单人沙发。炕上一位十七八岁的姑娘还躺着，脸朝里。

"秋娟，快起床，快起床了！"大妈喜冲冲地喊，用力推了推姑娘，"吕林来了！"

秋娟一骨碌坐了起来，当看到沙发上的吕林时，顿放出惊喜欲狂的目光，赶紧滑下炕。忽见我，一愣，脸上露出了不快："吕林，她是谁？"

"她是上海的老板，叫阿晨，是上海胖老板的好朋友。胖老板一定要我带她出来……"吕林解释着。

"胖老板这两年怎么不来了？"

"她呀，被G镇的税务稽查刘搞了一下，亏了钱，再也不想踏这个雷了。她说天地大得很，干什么都可以，就不想与G镇打交道。"

"他去年也没来过……"大妈指老赵。

"他叫老赵。S市的个体老板。"吕林说。

我与秋娟的目光撞到了一块，我发现她神色中的紧张与不安。我一进门就看出了她对吕林有那么点意思。我只是不明白，吕林身上有什么值得她喜欢？

寒暄没几句，吕林便要到自己的房间去。

"仍是去年包的那间屋吗？"大妈问。

"是的。大妈，你说个价吧。"

"那间屋一夜八元。"

吕林不满意，讨价还价。大妈降到了七元五角。继续讨价还价，仍七元五角。

仅仅为了五角钱！

我苦笑。我不明白吕林会为几角钱而去白白耗费时间。

在他们谈妥价钱后，我请大妈为我安排一个清洁点的单间。大妈说五元一夜，我同意了。

吕林他们的房间在院子北侧，油毛毡泥墙结构。泥土地被踏得油黑发亮，却仍高低不平。一个被烟熏得乌黑的大炕占去四分之三的房间，仅在炕前留了一条不到半米的走道。炕上的芦席支离破碎得像鱼网，裸露出一张张地图般的空隙。空隙中是一块块被日久天长烧得颜色变得暗红的炕砖。虽是盛暑酷热天，破碎的芦席上仍乱七八糟堆着肮脏的被子。没有窗户，或者说一米以上到房檐全是窗户，用无光泽的旧薄膜封住，替代了窗玻璃。竹门。

门的一侧是个茅坑，大小便的地方。一只大缸深埋地下，缸上横着两块踏脚木板。茅坑边白色的蛆虫成团涌动，苍蝇密密层层浓雾般弥漫着，空气中充满了令人作呕的臭气和苍蝇的"嗡嗡"声。

苍蝇似乎有些迟钝，常呆头呆脑撞到我的脸上，钻进我的领子里。

我本能地用手赶一下，手中竟捏到了几只。我看清了，这都是那个粪坑中溢生出的绿头大苍蝇，肥壮油亮得令我的感官受到了极大刺激。我莫名其妙打了个寒噤，赶紧松手。倒吸一口气，连连退后几步。这种地方能住人吗？就是在上海郊区农民饲养的畜生棚舍也远比这里清洁上几倍。

"这么脏的屋子……"我结结巴巴地说。

"这里价钱便宜，这么大的一个房间才七元五角，上哪里去找？"吕林听见了回过头，"阿晨，出门在外总要受苦，想享福不如在家养着……"

我听出吕林的不满。既然跟随了他，我人地生疏又能怎么样呢？

"阿晨，不是大妈讲你，吕林讲得对，出门在外总要受苦的。"大妈接过吕林的话说，"吕林知道住我家好处多，除了住宿费特别便宜外，你看我家院子挺大。你们从海边采购来的海蜇可暂寄存在院子里，有了集装箱或车皮再装运到车站。你们每天可看守自己的货，大妈我也可以替你们看守。其他旅社就没有寄存海蜇的大院子了。更重要的是，G镇流氓痞子多，你们出门携带几十万上百万的钱上其他旅社不安全。住我们旅社，流氓痞子不敢上门，秋娟她哥在G镇派出所当头，常挎了枪坐警车来家。G镇的痞子全知道……"

大妈说我住的地方可清洁了，边说边拉我去看。小单间在一排住房里，与吕林他们住的正好相对。

我随大妈走进房，发现原来在房中用纤维板分隔成无数黝暗的小单间。每个单间四平方米左右，中置一单人床和一小橱。这种分隔使我油然联想起影视中常见的旧社会的妓院。这联想来得突然又残酷，我的脸因羞恼而发热起来。

大妈关照我几句走了。

也许这里离茅坑远一点,苍蝇不再是成群结队满天飞,但仍很多。

床上铺着僵硬的被絮。白色的被单成了黑灰色,散落着不少死苍蝇。棉被胡乱地卷着。

我苦笑着。

站立良久,喟叹一声,无奈地将床单上的死苍蝇抖掉。然而面对僵硬的垫被和肮脏的被单棉被,我显得束手无措。

我一屁股坐在床沿上,有些灰心丧气。

G镇最著名的掮客叫曹公。

曹公原来是个厂长,离休后便干起了为各地来的海蜇客户提供服务,包揽下采购看货雇小工上车托运等所有的活。客户只须跟随着他验看付钱。等上车托运毕,曹公便与客户结账,客户得付给他每斤海蜇二角的劳务费。

据说曹公每年的劳务费收入在十几万以上。这个据说可能保守了点,因曹公的客户来自全国各地,而仅吕林一户每年付给曹公的钱就达好几万。

改革开放为渔民提供了暴富的机会。渔民出海捕捞的海蜇不再由国家统包,因为原先统包的后果是渔民愈来愈穷困。在十一届三中全会前,渔民为七角钱一天工资而纷纷上县城打小工,还愁没门路。而今天,渔民实行了真正的多劳多得。他们财大气粗地唤起城里人来打小工,每天的工资飞涨到三十元。大批用巨款新建起的渔村是改革开放后的一个缩影。

在G镇,十万元一百万元的渔民随处可见。

在渔民与各地客户之间自然而然产生了诸如曹公一类的捐客。他熟悉业务,上上下下有各种必不可少的关系网,为客户解除各种难题,左右逢源轻车熟路。客户欢迎他,渔民巴结他,当地政府部门也对他刮目相看。

可以这样说,G镇的兴盛繁荣靠海蜇,这里自有曹公们必不可少的成绩。

在过去,渔民捕捞了海蜇没人要。曹公见多识广,联系来了客户。海蜇腌渍在盐矾混合液中,但究竟要待脱离混合液多少时间再上磅呢?G镇人称"空水"。曹公开始搞的时候是"空水"二十四小时,其实是今天外贸公司出口海蜇的提干时间了。后因太麻烦又太费时间,曹公一次次压缩时间,最后定下了"空水"三—五分钟,成了今天海蜇市场买卖双方公认的标准。据说全国的海蜇塑料桶上火车集装箱,曹公是第一个创造者。随着海蜇产量愈来愈高,上火车集装箱是唯一出路。车站本来不同意,说从没有这种惯例。曹公说行,曹公扔了几包好烟,装箱给车站看。第一个集装箱装着叠放的海蜇桶从G镇出发了,从此海蜇成了车站的主要货运。

客户都信任曹公一类的干事认真的捐客。海蜇是好是孬是烂货是胡子货是软货或者偷工减料没过三矾货,曹公一眼就能看出。

吕林向曹公介绍了我与老赵。

"曹公,今后还靠你多多帮忙啊。"我真诚地说。

"那是理所当然的事。"曹公把目光转向我,"帮助朋友成为大老板是我分内的事。你看吕林,与我打了两年交道,不就暴发成了百万富翁?"

曹公的目光特别锐利,似能穿透一切人的心灵深处。看曹公的容貌,我想他年轻时是位俊美潇洒风度翩翩的人。

"吕林有眼光,用人好,用了袁洪这个讨人喜欢的广东人。就像萧何追韩信汉王拜将一样,吕林是伯乐,袁洪是千里马。吕林与袁洪配合一切,何愁发不了大财?"曹公忽有所触,感慨地说。

袁洪淡漠地笑着,看不出表情。

吕林脸上拂过了一丝阴云。

曹公觉察到了,刹住话题。转而向大家分析G镇的海蜇行情。

屋脊上方天色的透明光泽渐渐消褪了,暮霭从四周悄无声息地涌来,将秋娟旅社载入朦胧的昏暗之中。

我抱起换下的衣衫走出小房间。作为女性,不由想起那几位男同伴。

老赵不知去向。

炕上,吕林与袁洪全身脱剩下一条裤衩,面对面坐在支离破碎的芦席上,盘着腿。中间一个变了形的铝面盆。盆里是青豆大蒜马铃薯萝卜等杂七杂八的蔬菜混烧在一起,半汤半炒。两人手中都端着那不干不稀稠厚的粥,吃得津津有味。

也许是黄昏,雾一般浓密的苍蝇竟少了许久,然而也更加迟钝，有的掉进了大菜盘中。

那浓烈的变质的大蒜味与两米之外的茅坑中散发的臭气混合在空中，令我一闻到便作呕，肚里翻腾起来，一阵阵往外涌。

我退后几步，站在房东家的卧室外石阶上，大声喊："喂，吕林、袁洪，请把你们的脏衣服送来，我一起替你们洗了！"

"谢谢你啦。我们用不着换。""阿晨，出门讲究什么。过几天换吧，我们过去一直这样的……"

我以为他们在开玩笑。等候良久，不见动静，只好叹口气，向大妈取了个衣盆，自己洗了起来。

我惊异温州大老板吕林和一直以食的讲究闻名全国的广东人袁洪胃口竟是如此之好。那菜盘中的色彩使我呕心欲吐，而他们却当作了美味佳肴。

一切为了省钱！

他们为省下一分钱，不敢上饭店或小吃店，让房东代购了米、蔬菜、盐，就在房东家的小灶上自己烧了吃，没有食油味精等调料，更谈不上鱼肉鸡鸭了。

天完全黑了。

我洗罢了衣服晾在院子里。

屋里闷热又有异味。在上海现在也是该乘凉的时候了，我端了张小凳坐在院子里。

从房东卧室里传出了吕林与秋娟的笑声。

有人坐在我的旁边，我回头一看是袁洪。

我忽然想起一个疑问："袁洪，你真的……蹲过牢……"我吞吞吐吐地问，生怕伤了他的自尊，揭了他的伤疤。

他哑然失笑，摇头，"胡编乱造的你竟相信？"

"你家里大概遭到了什么灾难？要不，你一个广东人怎么会跑出来打小工，而且只求供饭……"我困惑地问。

"我的家庭挺好，父母是广东省P县的领导干部。P县是一个靠近海南的海边县城，我有不少亲属在海外。我的两个伯伯是广东省X部的高级干部，家里有保姆。我家里不但没遭什么灾，而且可算是P县的豪门巨室……"

"你在胡编乱造吗"我难以相信。

"我对流氓痞子才胡编乱造。你难道把自己放在流氓痞子的位子上？"他反问。他的光溜溜的脊背在房东卧室窗口射出的灯光下抹上了一层温和清凉的色彩。

"你有当官的父母亲戚，有海外关系，你完全可以大有作为。你为什么跑出来为人打工受苦又受气？"我情绪显得有些激动。

"谁又规定有这样家境的人不能跑出来为人打工受苦又受气呢？"

"这……有什么必要呢？"我自言自语。

大门锁链响了，狗又叫起来。

铁门开了，走来了老赵。看样子，他上浴室洗澡去了。雪白的衬衫，酱红色领带，压得平整的裤，还有一双质地很好的咖啡色皮鞋。

我不明白老赵身上的这些清洁像样的衣衫从哪儿来的。我更不明白天黑了，老赵如此焕然一新干什么？

老赵意味深长地冲我一笑，转头对袁洪说："天黑了，城南

'打炮'去吗?"

"什么'打炮'?"我诧异地问。

老赵笑而不答。

我莫名其妙。

"我不去。"袁洪说。

"你是有人陪你啦。"老赵向袁洪挤挤眼。

传来秋娟尖利的笑声,吕林在说话。

"这位秋娟小姐要容貌没容貌要身材没身材,与阿晨你相比,你是仙女,她是癞蛤蟆。"老赵忽然将声音压低了,"也难得我们的百万富翁有如此好胃口。这种女人即使在肚子上放它个几万元钱也吊不动我的性欲来。要不,还会轮上吕林?"

我白了老赵一眼。

"你们好好谈吧,我走啦!"老赵走向大门口,忽然回头,用手冲我们作了个露骨的下流动作。

"这家伙总是这样不正经。"我想。忽然想起,问袁洪:"刚才他说去'打炮',是干什么?"

"就是去地下妓院。"他回答说,"在城南有地下妓院,去年我也去过……"

"你去过地下妓院?!"我惊讶。

"我付了二十元钱。我不会也不敢去干那种事,我仅想了解社会。一想到性病,人的一切欲望全完了。我在那儿认识了一位少女,她叫云芳,一个多美的名字!妲从乡下来的。我们面对面坐着,沉默了好长时间,我看得出她在等待我的捕捉。后来我们小声聊了起来,我发现她很聪明,也很善良。她身世坎坷,本身就是一支催人泪下的曲子。我用悲悯的目光凝视着这位纯真的少女。我们聊了两个多小时,接着便分手了……"

他蓦地站起身,默默不语地望着天,右手使劲地捏着左拳。于是从左拳里传出了一连串清脆悦耳的骨节响。

我有些发愣,不知触动了袁洪什么心事。我怕这难堪的沉默,转换了话题:"你还没有说过你为什么离家的,是与家人闹别扭吗?"

"我们一家相处得很好,不会闹别扭的。"他回头说,"你怎么会这么想的?"

"那你又为什么离家呢?"

"时候不早了,我想早些回屋休息了。"他歉意地说,径直回那间肮脏不堪的屋子里。

也许是昨夜没有睡足,我打着呵欠,感觉到了疲劳。站起身,回小单间,躺在床上。

二十

我第一次目睹到 G 镇的面貌,它如同我所住的旅社一样,可用八个字来概括:肮脏邋遢,杂乱无章。

大道边常见一堆堆腐烂的垃圾,苍蝇更是 G 镇的特产。路东一条还算宽阔的河已被生活垃圾填没了,唯见垃圾中一条污黑发臭的小沟弯弯曲曲流着臭水。大道边摊点不少,行人熙来攘往,汽车喇叭声、人的吆喝声不绝于耳。与此同时,各种商业摊点的密集和客商的忙碌众多也呈现出它的生气勃勃的繁荣景象。

穿过大道，路边停着无数的摩托、吉普、轿车、卡车、马车、机动或人力三轮车，甚至自行车。车夫扯开喉咙拼命招揽着顾客。

曹公带领我们一到，马上被车主们包围住。简单地进行讨价还价后，曹公率领我们上了两辆三轮机动车。

车向海口风驰电掣而去。

在G镇的海岸边有无数个海蜇加工点，其中最大的加工点是海口。这里加工集中，不像其他点分散在各渔民家中。

眼前的路转为泥路，凹凹凸凸坎坷不平。空气中飘游着浓郁的海腥味，夹带着淡淡的血污气息。来往的三轮车很多。

路愈来愈狭窄，视野却在逐渐开阔。

啊！大海！

这是我平生第一次看到大海，真正的大海！

这就是G镇著名的海口。

每年临近新海蜇捕捞期，全国各地的客商蜂拥而至。有人从这里起家，在短短几年内一跃成为几十万甚至上百万的暴发户；有人却抱着终生遗憾，跌倒在这里，成为一文不值的穷光蛋。这里是老板们寻觅的梦。然而，梦的变幻莫测谁也无法料到，唯有一试自己的命运。这里是赌场，将自己的未来当作押注，是暴富还是赤贫，是欣喜若狂还是肝肠痛断自会见分晓。这是人对金钱追求的狂热，也因此为金钱而烦扰。

我被眼前壮观的景色陶醉了。

加工海蜇的水泥池凸现于海上，排列着向远处延伸出去，就像一条海上公路。"路"的一边是一望无际的海滩，一层淡淡的玫瑰红涂抹着它，呈现出了女性般的温情脉脉，阳光下仿佛是一片淡红色的烟雾，朦朦胧胧飘忽着。海滩尽头是一片水天相连的白色，而天穹却蓝盈盈的。红、白、蓝三色相配得绮丽美妙。

"曹公，这玫瑰色的草叫什么名字？"我情不自禁问。

"当地渔民叫它海草。其实海草有不少，这样统一称呼十分不科学。"曹公笑着说，"它的美丽的色彩也许是吸盐太多的原因。"

"这海滩能延伸多远？"

"几十里。"曹公略思索了一下说，"今天下午四点左右来潮。到时候，海滩便成了一片汪洋……"

曹公率大家登上了水泥池。

池深约一米，长和宽大都在四米左右。池壁厚十来厘米，正够一只鞋宽。曹公说这条海上"公路"有十几里长，不少池中已有加工过的初矾、二矾海蜇。

这些池系当地渔民个人集资建造的，每家几个。在海蜇捕捞期，他们日夜宿在池上。池上的简易棚舍就像上海西瓜旺季时小贩们在街头搭建的棚舍一样。

走在池壁上，犹如走平衡木似地不稳，总怕不小心跌进池中，沾一身海蜇的混合液。幸好池上常有加工海蜇时所用的零星的木板铺着。常有渔民向曹公招呼敬烟，或热情地强拉曹公进简易棚里聊天。

北国夏季的阳光特别灿烂。天空一碧如洗，无一丝云彩。赤日炎炎,正是汗如雨下的季节。

我的脸颈胳膊被太阳灼烤得火辣辣地刺痛。看吕林他们,热得只穿一条裤衩,裸露的皮肤变了色,又黑又红。

"路"仍在延伸。

又走了半小时,谁都说受不了了。喘着气,渴得嗓子冒烟。

在G镇,一切由曹公说了算。曹公说休息一下,吃点东西。"路"上有冒着酷暑流动着的小贩。我们买了面包与橘子水,躲进了简易棚。我渴得要命,打开瓶盖就喝,便感觉这橘子水里好像糖精打翻了一样咽不下。找小贩,所售食品饮料品种就这几样。幸好简易棚里有渔民带来的淡水。水中悬浮着无数丝线般的大小杂物,我顾不得了,水虽然脏,总比渴死好。勉强喝了几口。

坐在棚舍里,简直不想出去。四周吹来了凉快的海风,沁人心脾。说来也奇怪,经过烈日的一番烤烘,海风中非但闻不到海腥血污味,竟还带着一股淡淡的馨香。

我忽然想起:"曹公,你不是说要到二十四日才正式开禁,现在不仍是禁捕期吗?"

"仍是禁捕期,还有半个月才开禁……"

"那么水泥池中的海蜇是怎么回事?"

曹公笑了:"每年都这样。起先渔民们偷偷摸摸出海捕捞,在一两天内很快汇成了集体行动。离政府规定的开禁前一星期,海蜇就被捕光了。你看这十几里长的水泥池中不是半数有海蜇了吗?"

"政府不管吗?"我不懂。

"政府管。然而却无法管,政府才几条快艇,管得了吗?全体渔民犯了禁,你去管谁?所谓的'法不责众'就是这道理……"

"路"上出现了三五成群的姑娘,身穿艳丽夏装,用袖套头巾将脸颈及手臂的裸露肌肤包得严严实实。

曹公说这些姑娘都是城里人,来找加工海蜇活的。干几个小时便可从渔民手中得到二十来元。

下午四时左右,遥远的海岸线上出现了一条乳白的色带,曹公说那是潮头。这乳白色愈来愈宽阔愈混浊。在"路"的另一边,原来就开阔的水面由于水位迅速上涨,显得愈来愈空旷。

涨潮了!

大海沧溟,烟波浩渺;大河滔滔,迷茫骄横,"路"上瞬时鼎沸喧嚣起来。

一艘艘机动渔船满载海蜇追风逐电般疾驰着。

"路"上的渔民站立在"路"边,高举双手,手指示意着各种数字,并高声吆喝,声浪此起彼伏。

在渔船行进中,短短几秒钟内紧张地进行讨价还价。如果船主同意成交,该船则马上靠岸。于是"路"上更加忙碌,将新鲜海蜇从船上扛上"路",过磅。姑娘们用竹刀将蜇体和蜇头剖开,分类进池,再上明矾与食盐按一定比例进行腌渍。

我第一次看到这种被称作"水母"的海洋腔肠动物刚出海时的模样。我在影视中见过它,以为它松散得像海绵一样。现在我看到了,它刚出海时如同乌贼一样虽然柔软却并不松散。

到处流淌着海蜇的污血，最终仍旧入了大海，无声无息的。

我在这充满血腥味的大规模的加工场里了解了所谓"三矾海蜇"的全过程，将刮洗干净的蜇头和蜇支用矾水浸泡数小时后，即为初矾；将初矾海蜇用盐矾混合剂腌数天即为"二矾海蜇"；将二矾海蜇用盐矾混合剂重腌数天，成"三矾海蜇"。

混浊的潮水拍击着水泥池壁，海鸟在灰白色的海面上忽高忽低盘旋滑翔着。

令我不可思议的是这如同集市一样的繁忙收购加工海蜇竟都在国家禁捕期内进行着，而且进行得正常有序不慌不忙！

二十一

老赵去了浴室，据说夜里还将去城南"打炮"。袁洪不知去向。吕林钻进了房东的卧室，和秋娟嬉笑在一起。

虽然大妈一再请我去屋里坐坐，但我碍着吕林与秋娟，不想去。我看出秋娟目光中对我的高度戒备。

从秋娟对吕林的脉脉含情中，我相信她爱上了吕林，但是吕林是有妻子儿女的啊！

我忽然想起老赵的话，说在秋娟肚子上搭售几万元也吊不动他的性欲，这家伙讲得下流极了，也过分夸张了。不过，秋娟也确实不那么动人可爱。

大妈一再告诫我G镇痞子多，劝我尽可能不要出门。我实在耐不住孤寂落寞，走出了大院。

我在一家小杂货店转悠一圈，抱着一大包食品出门回旅社时，忽然目光凝住了。

在邮电所左侧的一棵大树下，袁洪与一位少女面对面谈着什么。

少女背靠树杆。满头黑发上一朵特大的金色绸缎蝴蝶结，短袖真丝绣花衬衫和湖蓝色的裙子，身材挺好。脸容被化妆品涂抹得艳丽而夸张，与那纯真的年龄不相适。

我淡淡一笑。

"她是谁？是袁洪的相好吗？他们谈得那么投机，在谈些什么？"我产生了个想法。

袁洪背向我，不会发现我的。

渐渐走近了他们。

袁洪在说话："……G镇的女性似乎不懂得美。比如说化妆吧，为什么总是如此强烈夸张，好像上舞台的演员，又比如说我在G镇从没见过一位女性戴胸罩。为什么不戴胸罩呢？望出去胸前平坦坦的，没有一点美感……"

"这个袁洪在胡说八道些什么啊？一个男子汉居然恬不知耻精神十足地谈什么女人的胸罩，什么平坦坦啊，还讲什么美感。"我真想上前当面刮脸羞羞他。

我不想听也不敢听下去，怕自己忍不住笑出声而惊动了他。

赶快转身逃离了他们。

院子里停放着一辆蓝白相间的警车。

我不知出了什么事，急忙闯进房东的卧室。

炕上坐着三位穿公安制服的人，还有一头高大如小牛的狼狗，张着大口，伸出一截火红柔软的舌头。

我见了吓一跳，忙想退出。

大妈唤住我，笑盈盈地向我作了介绍。

坐炕边挎着手枪那位是秋娟哥哥，另两位是他的部下。

秋娟的哥哥叫秋彬。他好像看出我对他身份的怀疑，拿出了工作证递给我。

我老实不客气验看了。

"要看看这个吗？"他摘下手枪递上，"比玩具枪怎么样？"

我没这个胆量，枪不像是假的。

在屋里待上没几分钟我便借口离开了。

天黑了。

旅社一时变热闹了。除了吕林他们，来住旅社的全是从安徽、山东等地来的小商贩。他们天没亮出门，天黑回来，有卖药、卖布、卖农具的。

也许昨夜旅途太疲劳太紧张了，竟没发现夜里旅社会如此嘈杂。

小单间窗玻璃都没有窗帘。在走廊里经过的男男女女小贩的脸像电影一样在玻璃上闪现或停留片刻。

我莫名其妙地紧张。

我信不过纤细的门插销。拖过床，床头抵住了门。灯光黯淡昏黄。

靠床侧的纤维板壁上，是用圆珠笔与钢笔涂抹的猥鄙下流不堪入目的男女生殖器和性交图，以及狗彘不如的流氓话。

我不明白房东为什么允许这些脏图脏话存在，不赶紧擦掉？

然而，更令我失魂落魄的是当作隔墙的纤维板上人为地捅了许多洞眼，不少地方裂开了。透过大小洞眼，临室的床、床边小橱、暖水壶以及床上乱七八糟堆放的大小挎包网袋一目了然。

响起男人的说话声。安徽话，是左边邻室的旅客回来了。

我躺在床上一动不敢动。我简直无法容忍我晚上睡觉时被一览无余地暴露在那些俗不可耐的小贩眼里，然而又是那么无可奈何。我伸手拉熄了灯。从亮处看暗处效果模糊得多了。

板壁上的洞眼泄漏过了一缕缕的光，又常常被突然切断——是有人凑上了洞眼在偷看我。

"是个小姑娘。"隔壁有人说。

"听房东说是从上海来采购海蜇的。"

"采购海蜇的都是大老板，没有十万二十万的钱不能干。"

"就一个小姑娘吗？"

"听说还有两个男的住在北面房里……"

"大老板怎么住这种旅社？"

"谁知道？也许装穷吧……"

接着是围绕着我的卑污下流话。

我不寒而栗，恰如芒刺在背，心里七上八下不是滋味。身上憋出了汗。

泄漏过来的灯光是橘黄色的，极其柔和。

我的心怦跳着，想起昨夜仅穿裤衩和背心我就觉脸红。

那该死的昨夜。

隔壁在窃窃私语什么，一句也听不清。

是准备暗算我吗？

我时时告诫自己今夜千万小心、千万小心，殊不知这种私人小旅社中杂七杂八的人特别多。躲藏着个杀人逃犯流窜作案犯或其他作案犯完全有可能的。

周围的一切渐渐归于夜的沉寂，悄无声息。

会不会是一种假象？等我睡着了，然后撕开这已裂开的纤维板，抢劫我呢？我在他们的眼里是个"大老板"！

紊乱凌杂的胡思乱想，或伤感或烦躁或不安或无奈或毛骨悚然惊惶失措或郁郁寡欢愁肠百结。我的神经渐渐显得衰惫疲软，被夜的无限宁静所模糊恍惚了。在梦幻与现实的中间地带徘徊瞻顾犹豫不决。

霍霍的磨刀声。

我吓了一跳，以为是梦，从床上坐起。是磨刀声！从左边邻室传来，千真万确。又是窃窃私语。

刀与刀轻轻撞击发出的丁零当郎声。

我紧张得用手捂住了胸口。如果对方突然破板而入，用刀逼着我将钱交出，我该怎么办？况且我们的钱款全部交付房东保管了。我所担心的是万一对方得不到钱，用刀逼我受辱，我该如何！

可能隔壁想动手了，然后逃之夭夭。

我想叫想喊救命，张着口却发不出声。

我惊跳起来，蜷缩在床角，战战兢兢地等待着灾难的降临。

脚步声却渐远去。

"他们走了？那霍霍的磨刀为什么？是跑到外面去抢劫吗？"

传来院子里大妈爽朗的笑声。狗又叫了起来。袁洪在说什么。

我感觉到神志全部清爽了，发现天已蒙蒙亮。不过刚才的一幕却是真实的，真实得令我回忆起来仍感觉到心悸。

我跃下了床，顾不得穿鞋，跑到了院子里，失魂落魄地呆立着。

袁洪在刷牙，发现了我，关切地问："阿晨，你怎么啦？你生病了吗？脸色这么难看，哪儿不舒服？啊，还赤了脚！有热度吗？……"

我真想哭，真想哭啊！

二十二

吕林雇了两辆卡车，决定上一百多里外的P县采购海蜇。P县的海蜇价比G镇每斤往往便宜几角钱。在S市的一位山东百万富翁正是从P县贩海蜇起家的，吕林一直羡慕这位山东富翁的发财路。与山东富翁相比，他进价高，况且每年不得不付给曹公几万元劳务费。他早就想甩掉曹公自己上P县采购，这样每年可节约十几万的支出，但是总被袁洪制止住。

袁洪说山东富翁之所以在P县畅通无阻稳操胜券，其主要原因是山东富翁在P县有强大的靠山——两位当年与山东富翁同在部队的战友如今在P县当大官。

然而，这次吕林决心已下。

吕林踌躇满志地说如一切顺利，则将采购点从G镇移至P县。

吕林将二十万巨款分装在一条特制的腰带和短裤里。腰带藏七万，短裤藏十二万。还有一万叫袁洪保管。有弹刀的腰带和短裤外穿上宽大破旧的西式短裤，系上皮带，穿上衬衫，外面什么也看不出。

吕林与老赵坐前车。

我和袁洪坐后车。

车向P县驶去。

"袁洪，昨天傍晚，我在邮电所左侧大树下看到了一位少女，满头黑发上一朵特大的金色绸缎蝴蝶结……"我慢吞吞地提醒他，神态狡黠诡谲。

"哦，你都看见了？"他并没有否认。"我记得我已向你介绍过她，她叫云芳……"

"是城南的妓女？"想到他与这种下贱的女人在一起，我就觉得惋惜。

"我始终认为在这世界上只有朋友和陌生人的区别。我和云芳是朋友……"

"看你当时与她聊得那么兴致勃勃，是在聊些什么？能公开公开吗？"我想起了诸如胸罩啊、平坦坦啊、女人的化妆啊一类的话心里就想笑。

"我告诉她，再过两天我就要独闯世界了。我完成了重新塑造自我的任务。我离家已经整整五年了。五年前的今天，我流着泪离开了衣来伸手饭来张口的养尊处优的家,去寻找我的理想,去实现它……"他的两颊忽然潮红,声音略带颤抖,看得出他内心的亢奋。

车晃摇着,在山坡左拐右弯。

远处,墨绿色的沧溟大海。

"阿晨,从明天开始,我将离开你,按照我的意愿去创造一个属于我的全新的世界……"他显得十分激动。

我有些不以为然。一个身无分文的小工能有什么作为呢?我故意将话题支开,想轻松点。

"你与那位叫云芳的少女难道就谈理想啊、世界啊?你难道没注意到云芳的化妆过分强烈夸张……还有胸前……平坦坦的……"我笑得十分快活。

袁洪顿时面红耳赤。

这愈发使我高兴。

我毕竟比他大几个月,可当他姐姐了。虽然我没有男友,然而在这位腼腆羞赧的广东人面前,我随便得简直有些放肆。

"我是想说……我是说了……不过,女孩子还是戴胸罩好看……淡妆……好看……"他支吾着说。

"想不到你对女孩子挺有研究,挺有审美眼光啊!"我冷嘲热讽取笑他,快活得咯咯咯笑着。

P县的海蜇价虽便宜几角,但是质量远不如G镇。吕林说既然来了总要采购一点,因为雇两辆车一天要四百多元,空车回去实在划不来。吕林在P县采购了二百二十桶,分装两车。一切就绪，车回 G 镇。

从 G 镇到 P 县的这条公路多山坡弯道，且十几里荒无人烟，路上来往车辆稀少。

出 P 县不久，就从车的反光镜里映出有四辆摩托紧随着。卡车快，摩托也快；卡车慢，摩托也慢。四位摩托手全戴着火红的头盔。

"他们想干什么？"袁洪皱着眉说。

神经又紧张了，有凶多吉少的感觉。

自离沪后，每一个日夜都令我提心吊胆，不知道将会发生什么事。

那四辆摩托目中无人恣意妄为地忽跑在车前，忽在车侧，好像卫队般紧盯着。

卡车司机是 G 镇人，显得惊慌失措，额头冒着汗，一遍又一遍地说："一定是拦路抢劫的痞子！"

一阵恐惧感从我身上倏忽拂过。我紧张得身子微微前倾着，连连说："袁洪，我们该怎么办？！"

"不要管他们。"袁洪斩钉截铁地说，"万一他们胆敢挡在我们面前，只管冲过去！"

"老板，万一前面卡车停下呢？"司机咕哝着问，"前面卡车能冲过去，我自然也能冲过去……"

灿灿的阳光。

车开始爬坡。

一边是此起彼伏的山坡，及山坡上迂回曲折时隐时现的公路；另一边是漫无边际的大海。

海边散落着几个渔村，远眺去，好像儿童积木似的。碧蓝的天空中一架银白的飞机正"嗡嗡"响着，在大海上转悠着一个又一个的圈。

"这是从北京或省城来的飞机，是首长观赏大海景色来了。"袁洪转过头对我说，"它在海上兜着圈。"

"真的吗？"我心不在焉地回答，怀疑他的轻松是做给我看的，是为了掩饰他的紧张。

"是的。"司机忽然冒出一句。

"不好！"袁洪目光紧盯着前面低低惊叫一声，苦笑着摇头。

最担心的事发生了！

前面的卡车被摩托车挡住了道，没有果断冲过去，停下了。

"现在倒霉了……"司机也缓缓把车停下。

摩托向卡车迅速靠拢。两个歹徒对着车窗挥舞着明晃晃的尖刀，乱吼乱叫着。

"下车，全部下车！"歹徒命令。

司机开驾驶门的动作稍慢一点，"哗啦"一声，车窗玻璃被砸了。

司机惊叫，赶紧开门。

袁洪帮助我下了车。

"站到路一边！"歹徒挥舞着尖刀。

心脏狂乱地撞击着胸膛。我不敢直视那些可怕的恶魔。我紧挨在袁洪的身边，在这危险时刻，他成了我唯一的精神支柱。

我们和司机在尖刀的威逼下战战兢兢站到了一起。

"谁是老板？"歹徒喊。

沉默。

"你是老板吗?"歹徒问老赵。

"我是小工!我是小工!"老赵的腿颤抖着,恐惧地望着歹徒。

老赵身上背着的包猛地被歹徒拉下,包里的东西一下子倒在地上。

计算器、香烟、圆珠笔、几十元现金飘散开来。

"你说谁是老板?"

老赵的嘴唇哆嗦着,望着那把逼近了他的凉飕飕的尖刀,脸上露出了不可言状的惊惶。

"妈的!"歹徒怒骂一声,忽然将手中的刀刺向老赵肚子。

老赵忙侧身躲开,并本能地用手去挡。尖刀从他的手臂划过,刺中他的大腿。

他颓然跌倒在地,呻吟着,鲜血直涌。

我们不约而同发出了惊叫。

"车上的货是谁的?"另一歹徒问。

沉默。

"好,我叫你们不回答。我们慢慢来,先将车上的货砸了再说!"

歹徒四人一分为二,两个歹徒挟持着我们,另两人用刀挟持着司机爬上车,将一桶桶海蜇滚下车,砸得粉碎。

用不了十分钟,海蜇桶大部分已摔在车的两旁。因桶壁较薄,所以几乎全破碎了。

海蜇四散着,盐矾的混合液淌满了公路,向坡上流去。

吕林满头大汗，脸上的肌肉在痛苦地抽搐，他身体摇晃着，努力克制住自己，因为他身上还有十万元巨款。

海蜇桶每次滚落下车的沉重声响都像铁锤般地砸在我们心上。

一矮胖歹徒仿佛刚刚看到我，眼睛忽然发亮，将手中的刀尖顶在我的脖子上，嬉皮笑脸地说："你这个漂亮小妞，我怎么刚发现？你说说，谁是老板？要不，我马上撕光你的衣服。然后嘛，你也明白接下来的事了。我们总共有四人，足够你享受的了……"

我从歹徒那飘忽闪烁的眼睛里看出了他想干什么，我有一种末日将临的感觉。我的呼吸急促得仿佛要将我窒息，脑海里一片混沌空白，所有的感官处在麻木僵化之中。我呆呆地望着歹徒。

吕林恐惧地盯着歹徒，敢怒不敢言。

"喂，朋友，她是我的妻子，请别吓她。我说出谁是老板……"袁洪开了口。

"谁是老板？！"歹徒放开了我，将刀逼近袁洪。

"我是老板！"袁洪回答。

"好，有种，你早承认是老板就好了。请把所有的钱留下，借我们一用。还是老规矩，要钱不要命，要命不要钱！"

"钱藏在前辆卡车的驾驶室坐垫后，用蛇皮袋包着，还剩十二万……"

矮胖歹徒一听还剩十二万，喜形于色，不顾一切地转头向卡车上的同伙报告喜讯："老大，钱有了，十二万，在……"

矮胖歹徒的话音未落，便被袁洪猛地挥起一拳，击在脸上。

歹徒仰面倒下，满脸是血，刀丢在一边，恰被老赵拾起。

另一四方脸歹徒在突发事件前稍一发愣，仿佛袁洪早有预谋似的，第二拳已击出。

四方脸猛醒过来，迅速后仰，虽被拳头击中，但势头已减，趔趄几步，没倒下。

袁洪矫捷地跳动几步，拾起一块拳头般大的石块。

四方脸的鼻血淌了出来，他十分恼火，举刀扑来。

"你再走近一步，休怪我不客气！"袁洪后退着，举着石块疾言厉色。

四方脸仍恶狠狠上前。

袁洪发现卡车上的歹徒已经冲下来，他明白如果不迅速解决这个四方脸，后果不堪设想。他的右手突然冲四方脸作出了个扔出石块的假动作。

四方脸慌忙将头避开。

四方脸上当了！以为躲过了袭击。袁洪的石块这一次真的用力甩了出去。

石块砸在四方脸的头上，四方脸一声不吭倒下了。

袁洪跳上前，夺过刀。

矮胖歹徒在地上呻吟，原来被身受其苦的老赵在肚子上捅了一刀。老赵持刀守在旁边。

吕林携带着巨款，早没命地跑出了几十米远。两个司机因车上歹徒的离开也解脱了，紧随吕林身后。

袁洪趁卡车上的两个歹徒还没赶到前，为陀备四方脸的参战，用刀捅向四方脸的腿。

四方脸发出一声惨叫，身子蜷缩起来。

车上的歹徒已赶到面前。

袁洪用刀指了指逼近的歹徒，笑盈盈地对我说："阿晨，你退后几步，看我在一分钟内解决这两个流氓，然后我们去报案……"

"你，你行吗？"我惊惶失措地问。

"我是国家二级功夫运动员，像这种小流氓至少可以对付十来个！"他冲前来的两个歹徒笑着喊，"喂，谁先来玩玩？"

两个歹徒迟疑了一下，握着刀向袁洪逼来，但小心翼翼一左一右围着袁洪。

我神经紧张得快要崩裂了。

"我喊一二三，你们如不后退离开，我在你们的脸上挖个洞！"袁洪忽然喊道，眼中充满了杀气，"一二……"

然而袁洪的"三"还没喊出，其中一个歹徒忽然恐惧起来，扭头便跑。

另一歹徒自然不敢恋战，跑出十几步，又羞又恼，狠狠骂了一句："妈的，四个人杀不死一个人！"举刀往自己腿上刺去，只听他尖叫一声，捂住伤口，淌着血，一拐一拐走去。

两个歹徒一前一后上了公路，接着两辆摩托车发动起来了，掉过头，回P县去了。

山坡上渐渐消失了两个点。

袁洪扶着老赵上卡车。

吕林与两个司机早目睹了一切，从远处山坡上连滑带跌地过来。

"快，快，马上上车，离开这里！"袁洪急急催促着，"有可能那两个家伙回P县叫人，所以这里仍在危险之中……"

"那些海蜇！海蜇怎么办？"吕林哭似的望着车辆两旁被砸碎的海蜇，不肯上车，"求求你们，帮帮忙，一起将它们搬上车……"

"吕林，来不及了。万一他们叫来了人，我们一个也逃不掉了！你的命也没了，要钱干什么？"老赵劝说。

"他们会扔下两个受重伤的同伙不管吗？他们一定去叫人报复。吕林，快走吧！"我苦口婆心地说。

吕林无论如何不肯上车，反而哀求我们帮忙，将碎海蜇装上车。见哀求没用，就弯腰收拾地上的碎海蜇，搬上车，自己干起来。

"怎么办？！我们自己跑吧？"司机心急如焚地说。

谁都焦躁急切又不知所措地望着袁洪。

"阿晨，老赵，你们上前面的车先走……"袁洪神色从容地吩咐，"司机，车开得稳一点，不要急。这里拐弯多，宁稳别快，千万注意行车安全……"

我们涌向前辆卡车。车发动起来了。

"我们怎么办？！我们怎么办？！"没走的司机胆战心惊地喊叫着，目光不时掠向P县的方向。

吕林无动于衷，仍大汗淋漓地往车上搬着海蜇，气喘吁吁。

"我们把他拖上车！"袁洪苦笑着说。走近吕林，劝说两句，吕林不理睬，反而恶狠狠瞪他一眼。他的手一挥，正等待着的司机围上去，一人一条手臂强暴地架着吕林。吕林狂叫挣扎，像疯了一样。两个人没放松,绑架般地将吕林拖上了车。

吕林拳打脚踢,竭力要下车。

"快开车!"袁洪命令司机。他的脸上被吕林击中了几拳,嘴角流出了殷红的血。

车向前冲去。

吕林疯狂地扑向司机。

司机惊叫。

在吕林的撕拉中,车像喝醉了酒一样左右晃摇,几乎失控,好几次出现了险情。

袁洪疾言厉声警告吕林。

吕林依然疯了一般缠住司机。

袁洪喟叹一声,摇摇头,忽然扬起一拳。

拳击中吕林,吕林颓然倒在座垫上。

袁洪扑上去,使劲压住了吕林。

吕林满脸是血是汗是泪水,忽然不再挣扎,放声大哭起来。

袁洪松开了他,喘着气,阴沉着脸,问司机,"有烟吗?"

"喏,烟在这里……"

袁洪从司机的衬衫口袋里取出支烟,点燃起,悠悠吐出了一股清淡的烟雾。

车到 G 镇后马上报了案。

袁洪派了辆卡车准备收拾碎海蜇带回,随 G 镇的警车赶去出事点。

老赵在秋娟旅社附近一家私人诊所医治了刀伤,绞了十几针。没伤着骨头是他的幸运。

二十三

吕林对袁洪谩骂个不停,说如果袁洪不命令司机开车,大家齐心协力将碎海蜇搬上车,损失就少得多。

这次去P省,吕林的损失最惨重。

曹公闻讯赶来。他没有责备吕林的背弃,没有幸灾乐祸。对曹公来讲,吕林毕竟是个大客户,每年使曹公获得好几万的劳务费。他鼓励安慰吕林将目光放远些,只要把另外几笔生意做好,这损失还是有可能挽回的。

袁洪终于回来了,拾回的海蜇也只够雇佣卡车钱。

他说现场一片狼藉,两个受重伤的歹徒已不知去向。破碎的海蜇被路过的司机顺手牵羊拾光了。而据他回忆,歹徒驾驶的摩托没有牌照。在这天高皇帝远的地方,摩托虽多,大都没有牌照,是不足为奇的。虽报了案不知何日才能破案。而破了案也无法挽回吕林的损失了。

吕林此次去P县全军覆没的代价是十来万。他像个女人般地哭个不停,要死要活的。房东一家强劝着他。

眼看已经半夜,我不想在秋娟旅社住下。昨夜的一切仍历历在目,我再也不愿在惊恐万状中度过一夜了。

大妈听说我要离开又劝又拉的,竭力解释说那磨刀声是卖菜刀的小贩。说住进旅社的每个人都进行身份证登记,绝没有来路不明的人,安全方面绝对没问题。

我想起我自住进这旅社,身份证至今也没拿出来,没有登记过。我没有说我吓怕了,我决意要搬走,大妈最终无可奈何。不过,我答应将采购来的海蜇存放在秋娟旅社大院内。每平方叠放的海蜇,每天付房东两元多钱,比住房的收费高多了。

一辆小三轮将我送到了G镇最豪华的大锦江饭店。

初见这饭店招牌时,我油然想起上海滩著名饭店"锦江饭店",眼前这个与上海的同名饭店相比,更突出了一个"大"字,岂不令人哑然发笑。

饭店仅是一幢四层楼的饭馆,也许是老板建饭馆时想到上海的大饭店。由此可见,老板一定到过上海。与饭店的规模不成比例的是特大彩色招牌的凌空挑出,吸引了车站的来往旅客。

我包下203一个房间,每夜三十元。两个单人床、写字桌、21英寸大彩电、沙发、彩色塑料地板、席梦思床垫,还有羊毛毯。

楼下是饭馆。

心情渐渐舒展了。从此我用不着像蜗牛一样缩在那间肮脏的小间里吃快餐面干点了,也用不着每天为自身的清洁卫生而烦恼了。

我关上房门,进了卫生间,放水。当我将身子泡在浴缸清澈的水中时,真有飘飘欲仙的感觉。

天蒙蒙亮。

不知吕林他们今天准备干什么?因不住在一起,且我人地生疏，最怕吕林甩了我。

G 镇清晨的空气纯净又宁静。

我没顾得上吃早饭便雇车前往旅社。

也许是清晨气候清凉的原因，吕林所住房间的苍蝇变得稀少了。那扇腐朽成灰黑色不成形的竹门虚掩着，门上早已褪色的春联仅存两个半字。

我推开门，竹门发出嘶哑的声响，一股热烘烘的腥臊味扑鼻而来。我皱皱眉，刚堆出笑脸想揶揄奚落一番他们的懒惰时，张了口却发不出声，我愣住了。

乌黑的大炕上一溜挤着七条汉子，横七竖八的，光着身子。有人已坐起，看到一位女性出现在门口，先是一呆，继而从污秽醒龊的被子中跃起，蓬头垢面的，全身竟一丝不挂。

我吓得魂飞魄散，神色惶遽，转身便逃。

背后一声声轻薄癫狂不堪入耳的笑语怪叫。

我慌慌张张跑到大门时，忽然站住。

"吕林他们呢？他们到哪里去了？难道偷偷躲开我了？吕林毕竟拿了我的手续费啊！大概不至于无赖到这种地步吧……"

我慢慢回过身，遇见房东大妈。

"大妈，他们人呢？"

"袁洪没来过。老赵嘛，去了城南，大概要回来了。这个老赵……"大妈笑起来。

"大妈，吕林呢？"我觉得大妈在避开有关吕林的消息。

"吕林搬到了你原先住的小单间，现在还睡着。别去打扰他……"大妈神色隐晦，说话躲躲闪闪含糊其词。

我困惑。

大妈拉我踏进房东的卧室及会客室。

大伯还躺在炕上,光溜溜的身子看上去十分不雅。

大妈又出门忙自己的活去了。

唯剩下我和正睡在炕上的大伯。

我愈坐愈不自在,站起悄悄出门。想起昨天发生的事,我担心吕林想不开。

我匆匆来到我原先住的小间,从窗玻璃中望进去。

吕林还在睡。

我刚想敲门,忽然眼前一刺,眨眨眼。

单人床上一对男女脑袋。

一瞬间我怀疑自己走错了门,退后一步看,确实是我原先住的。我又一次畏畏缩缩地将目光投向屋里。

狭小的单人床上确实拥着一对男女。

床架上一件雪白的绣花连衣裙。

秋娟!

真难以置信。

我万万没想到这位东北少女竟如此下贱轻佻风骚,吕林竟如此卑污无耻淫秽。

吕林竟做得出!秋娟竟会愿意!

我感到悲哀,愣愣地站在门口。

"吱呀!"是隔壁小间门开了,走出两个男性小贩,冲我意味深长地一笑,用手悄悄指指吕林的住处。

我羞惭满面,仿佛自己做错了事,心慌意乱地垂下头,离开了吕林他们。

"真是不要脸!"我想起小单间的隔墙纤维板上的洞眼,想起昨夜吕林秋娟的下流行为被洞眼上那些肆无忌惮俗不可耐的小贩一饱眼福,就浑身不自在。

"他们怎么能做出这种事?!"我莫名其妙地为之恼怒。"吕林还有妻儿呢,真是的!"

来到了院子里。

"阿晨,昨夜有没有进展?"老赵刚回来,向我打着招呼。

"你说什么?"我不懂。

"我是说,你所住的那个大锦江饭店是个地下妓院,服务小姐尽是'鸡',住客大都是嫖客。我们最一本正经的阿晨小姐怎么会住到那里去?是不是身上难受熬不住了?昨夜难道没有男人来敲门?"

"你又在胡说八道!"我生气了。

"我的话你肯定不相信。你可以问大妈,那个大锦江饭店是不是个地下妓院?"老赵一把拉住我的胳膊,闯在墙角取煤的大妈。

"阿晨啊,老赵讲得全对。那家饭店是个吃喝嫖赌样样俱全的大黑窝,是私人老板开的。你走进饭店时没见那些服务小姐的眼睛吗?那是诱骗男人上钩的妖精的眼睛……"大妈停下了手中的活。

我淡淡地一笑。我确实不知道大锦江饭店是私人老板所开。那规模装潢和服务小姐的仪表服务态度是无可指责的,我怀疑关于服务小姐是"鸡"的说法。老赵的话从不可信,大妈可能嫉恨我不住秋娟旅社而恶意中伤人家。

"饭店是一对姓宋的弟兄开的。二老板去年被人民政府枪毙了。"大妈的情绪有些激动,"这二老板除了吃喝嫖赌,前年发展到杀人。他们开饭店也干海蜇买卖。前年在海口与渔民在买卖时发生争吵,把人家打死了。人民政府有法律,一命抵一命。他们打死了人以为用钱就可以将人堵住口,给G镇上上下下有关人员都塞了好处费。最后县法院的宋老板的朋友讲了,只要死者家属不上告,二老板不会偿命,当然蹲大牢是免不了的。弟兄俩通过中间人同死者家属商量,准备用十几万的钱换回老二的命。死者家属说了,就是把你们的大锦江饭店全送上,也要老二的命。就这样,宋老板没路可走。去年,二老板被'砰'地一声枪决了,钱还是救不了他的命。阿晨,你不信,可问别人,大妈这么大年纪不会骗你的……"

我似信非信。昨夜我住在大锦江并没有感觉到危险,也没发生过男人半夜敲门的事。毕竟,G镇还是共产党的天下。如果真像他们讲得那么可怕,共产党还会允许大锦江开下去吗?

倒是这秋娟旅社,狗窝般的污秽肮脏令我心寒了。

也不清楚吕林秋娟昨夜多晚才睡,竟到中午才慢慢起床。

我为吕林的行为感到羞臊不安。

吕林不以为然地向我一笑,那神情似乎忘记了昨天的惨重损失。

老赵兴致勃勃地缠住吕林与秋娟问着极露骨的下流话,这家伙仿佛一天离开这些就没法生存一样。

大妈跑出跑进为吕林与秋娟端洗脸水,准备早饭,关切地问这问那，俨然把吕林当作了女婿。从她的神态中可看出对女儿昨晚的行为挺满意挺支持。

我忽然醒悟过来了，秋娟家并非喜欢吕林，而是喜欢他的钱。从我到这小旅社起，就发现秋娟家并不富裕。秋娟天天穿着那件白色绣花连衫裙，夜里洗、白天穿，昨夜大概来不及洗了。

"大概穷怕了……"望着羞羞怯怯仿佛要做新娘的秋娟，我很伤心。

我鄙视可怜起秋娟一家了。

"阿晨，你回去吧，今天没事了，明天早晨来吧！"吕林仿佛刚想起，打发着我。

我悻悻告辞回饭店。

二十四

周围的物体渐渐模糊不清，淹没在一片朦胧之中。窗帘在阵阵夜风中唧唧私语着，使人滋生出客居他乡的哀愁。

我没有开灯，坐在床沿冥思苦想着。

在昨日的抢劫事件中，当我将受那矮胖子歹徒的欺凌污辱威逼时，只有袁洪挺身而出，不但解救了我，也解救了大家。

我总想对他表示一点感谢，比如送他几百元，又比如重申回上海后一定认真为他搞一个最热门又赚钱的摊位，另借他一笔钱，帮助他成为老板，一年赚他个万把元。我相信凭着他的勤奋和聪明是能达到的。

窗帘轻轻拂动着，送来一阵阵瑟瑟的声响。我安安静静念想着他，真是妙不可言。没有比沉进这断断续续、犹忧犹喜或伤心自怜的思想中更令我沉醉了。

敲门声。

是服务小姐吗？服务小姐的敲门声绝没这般忙乱。那是谁呢？我想起上午老赵与大妈对大锦江的描绘。

"难道真是嫖客来敲门了？真把我当作了卖淫女郎了？"我身上蓦地一阵燥热。

敲门声在继续。

"没人！"我惊魂未定地喊。

"阿晨，是我，是袁洪！"

我惊喜地跳起，跑上前开门。

正是袁洪！全身散发着热烘烘的汗腥臭。

还是老样子，蓬乱芜杂的头发，邋里邋遢的汗衫和深色裤子上尽是层层叠叠浑浊的白色汗斑，拖着一双老化的用彩色塑料烙补过的旧塑料拖鞋。

"阿晨，我是来向你告辞的。"

"什么？"我愕然。"吕林辞退了你？"

"我记得昨天去P县时在车上对你说过，从今天起，我将按照我的意愿去创造一个属于我的世界……"他返身将门关上，"阿晨，你洗了澡，愈显得美丽动人了！"

不知为什么，他的赞叹令我忐忑不安，想说什么又忘了。停顿了一下，思绪渐渐稳定和清晰了，想起刚才的话，"我以为你昨天是随便说说。袁洪，究竟怎么回事？"

"我昨天晚上就向吕林告辞了。"

"他有什么反应?"

"他并不介意。"

"你准备上哪儿工作?"我关切地问,"要我帮助你吗?比如说钱……"

"我在昨夜和今天把事情都办妥了,我从海口一户姓方的渔民那里搞了十吨海蜇,每斤九元。"

"九元?"我惊讶地叫起来,"海口的海蜇只有七元五啊!"

"如果讨价还价可降到七元三。"

"那你……"我困惑不解。

"你也知道,我身无分文,更不要说我一下子须拿出包括一切开销运费包装等约十几万的巨款来购买这批货。承蒙曹公信任我,在渔民面前为我作了担保。由曹公出面,渔民那里每斤高出市价两毛,作为赊欠的条件。我另付曹公每斤一元五的担保费……"

"这曹公轻而易举就得到了三万元?"

"不过,曹公的风险挺大。万一我的货在南方亏了呢?到时曹公不是损失近十六万吗?所以,曹公的钱也不是稳得的。他用担保来作赌注呢。吕林甩了他后,表面上他不露声色,实际上心里焦急。他也真心希望我一举成功给吕林看看……"

我想起晚饭没吃,又确实饿了。问他,他也没吃。我建议到楼下餐厅吃饭。在我一再热情相邀下他默然了。

顾客寥寥无几。

身穿紫红色西装短裙的服务小姐见到我和袁洪进入宽敞的大厅，略显惊讶。惊讶可能来自袁洪的蓬头垢面和我的端庄娴静之强烈反差。

服务小姐迎上前，让座，出示菜单。

我说我请客。请他点菜，他没有推辞。

"你喝酒吗？"他问。

"从来不喝，不过今天例外……"

"那么我也一样。"他询问的眼神望着我，"咱俩分一瓶啤酒好吗？"

我欣然同意。

菜陆续上来，服务小姐倒酒。

"阿晨，你的海蜇没收一斤，钱大概已花了不少……"

"大概有三千元吧。"我的神情忧郁起来。

在B市损失的上千元全部由我垫出，谁也不肯支付；给吕林的两千元手续费；到G镇后又一味开销。除了白白扔掉三千元，提心吊胆战战兢兢外，什么暴发的迹象也没有。这三千元毕竟是我在上海早出晚归辛勤劳动挣来的钱啊！

眼看每天开销花钱，收购海蜇的事八字不见一撇，吕林只关心自己的货。早知今日，我决不来东北。我不明白当初怎么会鬼迷心窍搭错了神经上了当。现在我唯求上天保佑，太太平平将海蜇装运回上海，唯求不亏本便是万幸了。

我从不喝酒，因心中郁悒憋闷，一杯啤酒下肚，头便有些昏沉。

不时传来三楼舞厅悠扬的音乐。

"昨天你真了不起,好像功夫片中的明星。那两拳打得真漂亮潇洒,完全可以上电影。"我忽然想起,"你是国家二级功夫运动员,怎么会打起小工,落到这种地步?"

"什么国家二级功夫运动员,根本没有这种运动项目。"他忍俊不禁,"我吹起大牛皮去吓唬那帮家伙……"

我被逗笑了。

"我一生就打出那两拳,碰巧让我点到了对方的脸。想不到打架那么容易。"他伸出右拳,"你看,我打出那两拳时太认真了,以致拳头都肿了起来……"

"你当时不怕吗?"

"怕有什么用?昨夜我回想起来,腿都在颤抖……"

啤酒没了,服务小姐又送上两瓶。

我非常高兴,频频举杯祝愿他马到成功,希望他今后到上海有困难找我。

他总是认真听我说,那神情是十分迷人的。

我讲起了自己的经历。

高中毕业后,我被分进一家商店,工资不满百元,还是个泥饭碗。我干了两个月就辞掉这工作,听从一位同学的建议,学着贩起了烟。实在没法子,家里太穷了。父母在衖道厂,工资微薄,还有一对远在宁波农村的外祖父母,宁波的乡下亲戚都不愿赡养两位老人,在他们眼里,上海人个个都是大富翁。这样,我的父母不得不每月从微薄的工资里划出三十元寄到宁波乡下。我还有一个读大学的弟弟,每月要钱补贴。多少年来,家里的一切争吵、忧愁、伤悲、烦闷全由一个"钱"字引出。这使我明白,如果我在商店工作，干上十年恐怕也积蓄不起一台彩电的钱。自从干上贩烟这一行，除了吃用开销以及每月贴补弟弟二十元外，我每年有几千元的积蓄。

我说到了去年我曾遇上一个叫丁渝的女人，她自称家有二十万美元存款，并有日本老板作后台。我们合在一起做蘑菇生意，结果鸡飞蛋打一场空。后来又在一个猪肉贩子叫胖老板的女人帮助下，进入了地区农副产品交易市场。

我说我一直想暴发。我穷怕了，于是只想拼命赚钱，向十万元进军。我这次出来带的四万多元大都是这两年赚的。

"个体户没铁饭碗，趁年轻力壮时多赚一点。"我仰起头，喝干了一杯啤酒，顿时有一种痛快淋漓的感觉。

现在我想听他讲讲自己了。我不能太自私，老让他当听众，况且我也迫切想了解他。

他一言不发，微笑地注视着我，目光透出了孩童般的纯真、深邃和友爱。

"该轮到你了！"我说。

我等待着。在他的注视下，我伸手将浴后披散的长发款款向后拢了一下。当我意识到这个优雅动作原来是为眼前的他所作出时，心不由得怦跳起来。

他终于开口了

他谈到五年前，他瞒住家人，身无分文地离开家乡广东省P县，来到多雨潮湿的海南，选择了最苦最累的活，开山打石。他找到了私人包工头，要求做小工，只求一口饭，不需要一分报酬。他的叙述不像我那么紊乱纷杂和激动匆促，似乎他讲述的一切内容都经过头脑中的仔细筛选。他说回想起来，出门五年，在海南的日子是最难熬的了。他从一个养尊处优的贵戚权门的公子坠进了最卑贱最艰苦的囚徒般的圈子中。夜里与各地来的小工挤轧在潮湿阴冷的地铺上，吃的是猪狗不如的食物。白天的活极其繁重，用锄头凿子打洞，用炸药开山。包工头因他不要工资，又看出他细皮嫩肉不像个打工的，所以要照顾他。他咬牙拒绝了。

他认为闯天下的先决条件是吃得起一切苦，而他家的优越环境恰恰就少了这点。他说这是必不可少的人生一课。在海南，他有无数次想打退堂鼓回家，自怨自艾，怀念家人又隐忍克制。思想斗争激烈得哭过，一切辛酸苦辣全熬过来了。

"在海南的半年是我走向社会的第一课，我终生不会忘记的。这是我的人生道路上最重要的一个起点，我终于熬过来了。从此，我无论打工、乞讨都有了足够的承受能力……"他感慨地说，"才这么一晃，竟整整五年了……"

"你乞讨过？！"

"怎么，你瞧不起吗？"

"不，不，没这个意思。"我急急地否认。

他的眼眶显得湿润了，神色忧郁。

"你离家后，你父母没找过你吗？"

"我最怕的就是这个。我采用声东击西的办法将信交给别人从另一处发回信。我在信中再三请求家里人放过我五年，五年后我会回家乡。我说当你们在路上看到那些蓬头垢面破衣烂衫的流浪汉、乞丐、小工等社会最下贱的人时，你们一定不会想到你们的宝贝也加入了这行列。所不同的是，你们的宝贝是在重塑自己……"

"喂，同志，餐厅要休息了。"

服务小姐彬彬有礼地在催促。

真是扫兴。

整个大厅的顾客只剩我们了，几个服务小姐已开始打扫。

"阿晨，时间不早了。"袁洪站起来。

我请他去房间坐坐。

"我们以后还会见面的，你说是吗？"他推开椅子向门外走去。"我的两车货还在渔民大院里。今夜我要押车上路回南方S市，S市的海蜇吞吐量是惊人的。"

夜幕深沉，空气充盈着一种凉爽的咸腥味。

我想挽留他在我的房间内洗一个澡，并给他几百元，使他换上得体的西服。我相信他一定挺俊美潇洒风度翩翩的。

马路上偶尔驶过一辆车。

我终于什么也没说。

他依然是囚首垢面，散发着热烘烘的汗腥臭。谁又能看得出他曾经是个养尊处优贵戚权门的公子呢？

这世界实在奇怪。

静静地在路边等候过往的三轮车。

"你在此稍等一下，我上楼取些钱给你路上花……"我忽然想起，真诚地说。

"我有钱……"他拉住我，"曹公借给我三千元。"

"曹公怎么待你这么好？"

"利息三分。"

三分息？这分明是高利贷了！

东北的夏夜有砭人肌骨的冷丝丝。望出去，路边没有灯，也没有行人，有的只是凄凉孤寂和黝黯。

车来了，他招手，上车。

"阿晨，用不了几天，我们还会见面的。"车走了，深沉的黑暗里传来他的声音。

我感到阵阵寒意，无边的孤单，眼前一片模糊，脸上湿润润的，用手捋一下，满是泪水。

从我记事起至今，我还从没有为一个异性如此牵肠挂肚过。

二十五

阳光灿烂的天。

邮递员送到旅社一份电报，是吕林的妻子拍来的。

吕林展开电报，脸色大变，愣住了。

老赵接过电报，看后递给了我。

"究竟怎么回事？"秋娟依偎着吕林唉声唉气地问。

我展开电报：

袁洪两车海蜇一到S市就批发完了。每斤十七元。现S市海蜇正处青黄不接之时，请速装海蜇来。

"袁洪成功了！"我情不自禁喊出声，喜形于色，"啊，这真好，真好……"

"袁洪赚钱关你屁事，你高兴什么？！"吕林忿忿不平地瞪了我一眼。

"阿晨，你这表示爱的方式也太露骨了点……"老赵不阴不阳地送上一句。

看得出，袁洪的成功使他们都妒忌和不快，我明白了自己眼前的处境。

"这是个信息。现在请大老板拿主意吧。"秋娟附在吕林的耳边，柔柔地说。

"我核算了一下，如果我抢先装回两卡车，在S市以十六元批出，折去一切费用，以装运十吨海蜇计算，成本约十六万，而抛出价达三十二万，净赚十六万。我这次来东北已失十万。如此相抵，还可赚六万！"吕林收起了计算器，踌躇满志地说，脸上渐露笑容。他转过脸对秋娟讲："我成百万富翁全凭信息，凭信息可暴发就是我教给袁洪的，这个精明的广东人良心坏得可以枪毙。去年我一笔生意尽赚十八万，他跟了我两年，学会了利用信息。现在想想真后悔……"

我不相信吕林的话。相反，我以为是袁洪帮助吕林暴发起来的。当吕林在说袁洪坏话时，我憋住气，差一点跟吕林吵上一架。

吕林决定下午派车去渔村收购。他没有叫我同往，让我等候在旅社，说或许曹公要来。他告诉我，有我在，曹公不会怀疑他再度撇开曹公。我的任务是为欺蒙曹公造成没去渔村收购的假象。

"醉翁之意不在酒",我从吕林的神态中看出了对我的高度戒备。由于我不掩饰地表白了对袁洪成功的喜悦,他们已经不信任我,并把我当作了异类防备起来,这真是够伤心的了。

我不知道我的货吕林会安排吗?

但是吕林吩咐了,我只能照办。我人地生疏,离开他又能怎样呢?虽然他命我看家的理由是那么无力可笑。

吃罢午饭,他们携带巨款上海边去了。

我守候在吕林的小单间内。

小贩们全出门了。我闲得无聊,心中恼恨又无奈。床铺上有本刊物,拿起一看,尽是光身子的女人。有书总比没书好,翻了几页,发现是本文摘类的刊物。因心事重重,看了半天,什么也没记住。心乱如麻,怅然若失。

苍蝇嗡嗡叫着,老往我的脖颈面孔上撞。也奇怪,这些苍蝇好像中了邪,飞在空中呆头呆脑的,用手一扑就可抓到几只,十分恶心。有不少死苍蝇紧贴着床单,成了薄片,是被吕林他们翻身压死的。

有人敲门。

"曹公来了……"我想。

大妈带来了一位不认识的中年男子,身穿税务干部的制服。

我不知出了什么事,开门,请床沿坐。

大妈介绍一下就忙自己的活去了。

来人向我出示了工作证,证实他是 G 镇税务所 × 所的牛科长。

"你是老板吗?"牛科长问。

"我是跟老板出来玩的,你有什么事吗?我可以转告。"我小心翼翼地试探。

"你们老板什么时候回来?"

"我不清楚,老板没关照。"

"这样吧,我将我的家庭地址留在这里,等你们老板回来了交给他。告诉你们老板,到G镇来采购海蜇,如果遇到税务上的麻烦,可以上我家找我。我牛科长可以保送你们的货通过G镇的各路口检查站,不花一分钱的税。也可保送你们的海蜇上火车,火车站的工商税务人员都是我的朋友。只要我牛科长一出面,什么工商税产品税这个税那个税全不用扔了。我了解你们在外做买卖也艰苦,没个当地朋友事难成啊……"

牛科长的话令我感到意外惊讶。

我在上海集市贸易做水产生意,管理我的工商税务人员与我相处得朋友一样。他们什么都敢与我聊,唯独对"钱"与"物"犯忌,噤若寒蝉般的。也从不上我的摊位买菜,怕遭嫌疑。说实在的,我从没遭到税务人员如此厚颜无耻如此赤裸裸的表示。

我沉默。

"你们出门做买卖,在G镇没个在税务部门当官的朋友是寸步难行的。G镇多的是检查站,一天二十四小时值班。在检查站交个万把元的税钱不是吓唬人,全由着他们的性子。而我牛科长在G镇不管公安还是银行税务工商条条路都走得通,人人畏惧我三分。只要我牛科长一句话一个电话一张条子,不但不用交一分税,而且你们干什么事都一路绿灯。没人敢欺侮刁难我的朋友……"

我激动的心情渐渐平静下来。我微笑着,故作唯唯诺诺俯首帖耳状。我不想得罪他,一再告诫自己尽可能少说话,因为我不知吕林的用意。我相信,吕林做海蜇生意几年了,一定常遇到此类事,总有对应的办法。

牛科长的话讲得差不多了,站起身告辞。

我送他出门。

在旅社门前,牛科长跨上了一辆崭新的进口摩托,再三关照说:"请你务必将我的话转告你们老板,今天夜里请他上我家来一次,谈一谈。要不,出了事别怪我牛科长不讲情面……"说完,驾着摩托一溜烟跑了。

牛科长走后不到一小时,又来了位G镇税务稽查队的执法人员刘,驾着稽查队执法用的三轮摩托。

刘突然光临的目的与牛科长如出一辙。然而,在谈吐方面刘更显得锋芒毕露。

刘从正反两方面举例。顺从刘,原应交税一万,给刘三千,不给发票,税全免了,让你省下七千税钱;不顺从刘,交税交得你破产,从老板跌到小工,成为个穷光蛋。举例说原应交税一万,刘可以变着法子让你交税补税罚款交上三万,你服不服?你如不服,把你的货扣下,让你叫天不灵,叫地不应,到时候你再求刘也来不及了。

"要么是敬酒,要么是罚酒,不喝酒不行。没有中间的道路。前年,也是从你们上海来了一位姓宋的女老板,胖胖的……"

"胖老板?"我蓦地想起胖老板讳莫如深的东北行,一次失败的生意。

"对,别人叫她胖老板。她进了三百多桶的货,应上税三千多元。胖老板是个一毛不拔的女人,送我两条破烟,我收下了。我以为烟里藏着钱,拆开一看,货真价实的烟。我气死了,这女人把我当作两条破烟的价吗?我开出了一万两千的产品税。交,就这个数。胖老板把货运到南方还要交营业税、工商税和其他地方税,再加上运费、人工、劳务费、海蜇的掉秤,她赚得了钱吗?她如果不交,这三百多桶的货全扣下。"

烟雾腾腾。

"胖老板喊冤叫屈说无论如何不应交一万两千的税。我说了,应该交多少税是你胖老板定的还是我这个税务稽查官员定的?我说交一万两千的税,你就得交这个数。在G镇,应交多少税我说了算。你看,上海胖老板不听我的话,敬酒不喝喝罚酒,这回,她注定亏了本。她有好下场吗?她去年没来,今年也没见她的影子……"刘边说边喷吐着烟雾。

怪不得胖老板羡慕吕林,却又不愿来东北,原来这里有这么一位冤家。

我三缄其口,保持沉默,尽可能不去得罪这位盛气凌人的家伙。有一点我感到困惑,就是牛科长与刘身上的象征法律的制服与他们本身的表现为何竟如此格格不入。"也许是我少见多怪,从没走出上海的原因吧。"我想。

刘如同牛科长,郑重其事地留下了家庭地址。不同的是刘说如果老板今夜不去他家,他隔两天就来,给老板一点颜色看看。

我送刘出门。

刘跨上三轮摩托时,态度缓和了,人情味浓重了:"其实,我也明白你们老板出门做买卖不容易。我不是在敲诈你们钱,我是在帮助你们。比如说,按规定交一万元税,我拿了你们三千元,你们的税金不用交了,省下了多少钱?七千元!这笔账十分清楚,究竟谁最合算?我呢?好像拿了你们的钱,其实这钱并不是你们的……"

我万万没想到 G 镇,竟然有人明目张胆上门索贿。

我实在憋不住了,开了口:"我明白,这钱是国家的,吃亏的是国家。在我们上海,像你们执法人员拿了上千元就要吃铐子判刑的。上海市郊一个副县长拿了几千元也被政府毫不留情判了刑,况且听说这位副县长对振兴郊县的工业还立过大功……"

"你们南方我不清楚,这是 G 镇。在 G 镇,谁都在想方设法抓钱,捞钱。谁都唯恐捞得少捞得慢被其他人捞去……"刘不以为然地说。

刘一再关照我如实讲给老板听。

总算走了。

我叹口气。

没想到刘走后不久,又来了三个自称是 G 镇有名的痞子,围着我有声有色地讲述着一个又一个东北虎厉害的故事。

他们来的目的同样为了钱,说是"保护"老板的安全,说有他们三人在,镇上那些小痞子不敢惹老瓝的。当然,老板要付给他们一笔"保护费","保护费"的多少可以商量。

对于这三个将"痞子"这个字眼当作光芒四射的招牌来炫耀

的家伙,我无言以对。

我只是答应一切转告老板。

我没有将这三个"当地最有名的痞子,公安机关黑名单上有我们大名"的东西送出旅社。

终于安静下来了。

"今天怎么啦?"我疑云满腹地想,"这里好像成了接待室,一连接待了三批人马,目的全冲着钱而来。不知还有没有第四批第五批?"

我怕这些不速之客,总感到他们身上散发着"危险"两字。我想逃离这小房间,怕再接待这批贪赃枉法财迷心窍的家伙,却又怕与曹公失之交臂,被吕林责怪。

我诚惶诚恐坐立不安地熬到天黑。

曹公没来。

第四批人马也没来。

二十六

秋娟回来了。

"吕林、老赵呢?"我问。

"还在海边。"

秋娟告诉我,这一回吕林和老赵决定合起来干。在海边已经收购了两车,四百四十桶,约十来吨的海蜇。因为摆脱了曹公,省去了四千多元的劳务费。他们也不想用钱去打通各检查站,老赵早就打听到有条可避开一切检查站的秘密通道,这样又可省下六千多元的税金，光这两笔就节约了上万元的开支。

秋娟说半小时后十来吨货就可抵旅社，半夜一点将货运到秘密通道，明天夜里再将货悄悄潜出G镇，两天后货抵南方。那时候海蜇仍处在禁期，南方的海蜇正青黄不接，故他们的暴发是必定的了。

"他们叫我来请你一起去海边，夜里必须有四个人才能照应两辆卡车。海边渔民坏，要偷东西的……"秋娟显得十分兴奋。

原来如此。

我匆匆吃了点心，随秋娟去海边。

在这寥廓空寂的辽东湾边，白昼黑夜的温差悬殊。白昼的太阳烤得人汗流浃背，深夜的海风吹得人筋骨瑟缩，而黄昏却有沁人心脾的凉快。

满装海蜇的卡车停在院子门口。

吕林与秋娟坐后面的车，我和老赵坐前面的车。没事干，等候半夜一点。

"阿晨，吕林与秋娟在车里一定亲亲摸摸的。我们何必这么干坐着？出门在外，我们何不也……"

黑暗中，老赵的手向我身上摸来。

我又羞又恼地推开他，骂他是流氓。我退缩到了角落里，蜷缩成一团。这家伙脸皮厚，你骂他几句、打他几拳根本没用，他反而更放肆。

"打是亲，骂是爱。阿晨，你越这样，我越喜欢你……"

老赵竟然一下子抱住了我。

我的眼前一片昏黑。我感到恶心，奋力推开那张热烘烘凑上来的嘴，然而他并没放松。情急中，我用尽全身力气挣脱开他，扯开嗓子喊起来："救命……"

老赵被吓了一跳，松开了手，本能地退后。

"喂，你干吗这样？"坐在前面的司机忍不住开口了，"人家不喜欢你，你何必死死缠着她？真讨厌！"

老赵嘴里咕哝着，再不敢轻举妄动了。

我毅然决然坐到了前面司机座旁。

深夜一点，卡车出发了。

据司机讲，这条秘密通道其实在G镇谁都知道，很少有人往这条道走。一般老板除了用烟用钱或由捎客出面通过各检查站外，完全没有必要冒这份险。司机说这条道路狭窄又陡峭，弯道很多，这还好说。最险恶的是通过有个叫龙岗的地方，一边是山坡，另一边是悬崖，道路窄得刚够一辆车宽。常常半个轮子在道上，另半个轮子空悬着，稍一偏差就会翻车。在龙岗这三十米长的路段上年年发生交通事故，目前因为尚在禁期，故还没有出现翻车事故。

"翻车？"我半信半疑地问，"那你为什么同意走这条道？你不怕危险吗？"

"还不是看在钱的面上？你们老板同意增加一倍运费。在走龙岗那段三十米长的路段时，车速尽量放慢，注意力集中，走过去的可能还是比较大的……"

夜间行车，车速并不快。

十几分钟后，路上颠簸起来。车终于上了 G 镇有名的"龙岗"。

从车窗望出去，路狭窄并不陡峭，路边的坡势如同幼儿园内的滑滑梯。

月白风清，物体隐约可辨，远处的大海成了一片深黑色的墨块。传来海浪拍岸的有节奏的沉闷声响，海边星星点点稀疏黯淡的灯光。

灯光处就是刚才收购海蜇的渔村。

车忽慢忽快颠簸着，蜗牛般地向前爬动。

想起那可怕的"翻车"字眼，心便一阵狂跳。万一翻车我该怎么办？我身体微微前倾，双手紧抓前面的挡板。车的一晃一悠令我额上出汗。

车内的马达隆隆响，没有人说话。

司机粗重忙碌的喘气声。

这三十米长的路段在我的心中仿佛无限延伸着，极其漫长。

道忽然宽了。

"行啦，车过了！"司机松了口气。

车往前继续开几十米，停下。

"以下是大道了，没事了。这里已绕过了所有检查站……"司机开门跳下车愉悦轻快地说，等候吕林他们过来。

我与老赵跳下车。

夜风吹来，我冷得瑟瑟发抖。

后面的卡车在缓慢开来。

"当心!"吕林一声喊。

然而,车的半个前轮已坠出道,司机紧急刹车,又企图将轮扳回道。刚一启动,那个前轮就向前下方坠沉下去,车身向一边侧过去。

"不好!"吕林惊叫,拉开车门仓皇跳下。

惊慌失措的秋娟被司机猛推下。

司机紧急刹车。

然而,巨大的满载海蜇的卡车支撑不住倾斜,左边车轮离地悬空了,重量逐渐向右边倒去。车在倾斜,越来越快。

司机心慌意乱地急跳下,弃车逃命。

卡车成了无人控制的怪物,左轮悬空扬起,愈来愈高,终于,整个车轰隆一声颓然翻倒。海蜇桶"哗啦啦"地扑出车斗,砸向陡坡,向坡下滚去。

车倾倒后被大量甩出的海蜇桶所阻,像个侧倒的火柴盒滞留陡坡上。

仅短短几秒钟,形势急转直下。

归于寂静。

司机突然失魂落魄地喊:"这怎么办?这怎么办?!我的车砸坏了!车一定砸坏了!"

"出大事了!"老赵带着哭声说。

我愣住了。

一切无可收拾!

本来躲开检查站走龙岗就是一种冒险的赌博行为。谁料到会输得一败涂地,输在这三十米长的龙岗上!二百二十桶海蜇散落在坡上。即使马上收拾起，但桶差不多破碎了，盐矾混合液淌光了。海蜇脱了混合液后无论如何也恢复不了原先的重量。

月光下，吕林的脸如同死人般的苍白可怕。

"吕林，快拿主意吧。"老赵恢复了理智，"天一亮，这里出现了行人，万一被G镇的工商税务发现，不但补足税还要罚款。罚款的数由着他们的性子而定……"

吕林蹲在地上，双手蒙住脸，像个孩子，喉咙里发出了悲痛欲绝的呜咽声。

我怯生生上前，想安慰吕林几句，嘴张了张，却什么话也说不出。

时间在静静过去。

"吕林，这样下去总不是个办法啊，"秋娟凄楚悲酸地说"待天一亮，你的损失将更大了……"

前头安然通过的司机也催促着。

"这样吧，阿晨，秋娟，你们上卡车先走。到旅社后，车上的货不要卸下，就停在院子里。等着我们把这里的事处理完后，车马上开往南方……"老赵吩咐说。

我犹豫不决地和秋娟上了车。

"也只能这样了……"我深深叹口气。

我忽然想起一件事，问："秋娟，你哥哥在G镇派出所当头，为什么不请他在各检查站打个招呼，那样也不会发生今夜的事了。"

"吕林没说……"

"你和他这么要好。他也许不好意思开口，你可以说的啊。"

我说。我估计吕林担心摆脱了曹公又被秋彬替代，吕林心疼钱。

"我偷偷问过我哥，他说最近几天各检查站都派驻了市里来的检查人员，监督着，许多事不好办，就是镇长老爹打招呼也没用。吕林又不肯缓几天购买海蜇……"秋娟忧心忡忡地说。

二十七

翻车后，海边还未来消息。我辗转反侧了一夜，天一亮赶到旅社。

那辆满载海蜇的卡车仍停在院子里。

吕林他们不在，不知如何了。

想起昨天来的三批人马，我不敢肯定今天就没人来。万一这二百二十桶海蜇被昨天的牛科长或刘之类的人发现，他们逃税的计划不但全部落空，而且还有了一个被人敲诈勒索的把柄。我实在不懂吕林他们为什么不安分守己做买卖？为什么要冒这种令人害怕的风险？

我心烦意乱地守护着卡车上的货，眼睛从没停止窥探旅社大门口的动静。我期待着吕林他们的出现，恐惧牛科长之类的声音。

然而，我恐惧见的人竟出现了！

是刘，仍驾驶着稽查×队的三轮摩托。

我心惊肉跳地盯着刘。

刘一见到院中满载海蜇的卡车，眼中放出异样的快乐光彩。他只字不提昨天的事，也没追究昨夜老板为什么不去他家。他喜形于色如获至宝地在卡车边踱着步，查点着桶。

我僵立，不知接下来会发生什么事。

"这是谁的货？"刘突然喊。

刘的锐利威严的目光移到了我的脸上，我不知所措。我既恨又怕这个刘。

"谁的货?！"刘疾言厉色问，"你的吗？"

我赶紧摇头。

"没人承认？无主？我马上叫人拉走！"

"是我们老板的。"我急忙说，"现在他不在。"

"这车货交了税没有？"

"我不清楚……"我撒了谎，为了那个失魂落魄的吕林。

"我先开个补税单，你把它交给你们老板，叫他马上同我联系。来我们稽查队可以，来我家里也可以，直接找我。"

刘回到三轮摩托边，从黑色公文包里掏出本子和笔，飞快写起来，然后撕下，递给我："别忘了，马上交给你们老板……"

是一张查验到五吨逃税海蜇补交八千元税金并听候处理的通知。

我惊愕，一车货理应补交三千，却飞涨到了八千。听候处理，也就是说罚款在后，这是刘先给吕林他们来个下马威。我只有接受并说等老板一来马上转告。

刘抄下了车牌号，叫醒了打瞌睡的司机，说没有刘的同意车不能走。

刘踌躇满志地走了。

"刘很高兴，准备同吕林他们像集市贸易一样讨价还价……"

想到这里，我心里非常难过。

吕林他们随车回来了。已换了辆卡车，车上齐整地叠放着海蜇。

我赶紧问情况。

吕林阴沉着脸，苍白憔悴，似乎冲我有什么气，没理睬我。

秋娟迫不及待地问。

"翻掉的卡车拖了上来，还可以发动，司机要求赔偿一千元。"老赵愤怒地说，"仅仅油箱瘪了一点，车窗玻璃碎了，这值一千元吗？我们不给，司机强抢了六桶海蜇，六桶海蜇要近两千元，他要我们拿一千元去换。常言说强龙难斗地头蛇。我们又有什么办法呢？我们到渔村叫了些小工帮忙，买了新桶，将散落的海蜇装进桶，添上盐矾混合液。这次翻车至少损失五万元……"

"幸好没有被检查站或工商税务人员发现，要不，罚起款来也是乱要价的。"吕林补充说。

我忽然想起刘留下的通知，马上将通知递给吕林，我忐忑不安地看看他的反应。

吕林张口结舌发呆，突然悲愤填膺，冲我横眉竖眼地吼叫："你这个女人，你不在，我干什么都顺手，有你在场，总是我倒霉！你这颗灾星，滚得远一点，我不想见你，我不要见到你！"他冲我前面的地上狠狠吐了几口唾沫，以示他的厌恶。

我的头嗡嗡作响，眼前迷茫，双唇强烈颤抖着。我呆呆地看着眼前这位陌生的百万富翁，全身的感官在他的吼叫声中僵化麻木了。

"阿晨,我求求你,你走吧,离我越远越好。我怕你。我已倒足了霉,你还不放过我吗?你是颗灾星,你不要跟着我……"吕林失态地哀求起我,嘴唇哆嗦着。

我觉得喉头在抽搐,渐渐变成了越来越急的抽搭。泪水在眼眶里打着滚,终于扑簌簌地流淌下来。

我猛转过身,向门外跑去,心里委屈得想大哭一场。

没有人追上来。

我成了多余的人。

门"砰"的一声关上。

我扑倒在席梦思床上,用羊毛毯蒙住了自己的头,放声大哭起来。

想起此次来东北,我便肝肠痛断。我携带出四万多元,离开上海来到这里,忙忙碌碌,担惊受怕,我得到了什么?两千元的手续费给了吕林。在 B 市,我莫名其妙地垫出了一千元。在 G 镇,我又花掉了好几百元钱的开销。至今,一斤海蜇也没收购,还饱受恐惧耻辱戒备嘲讽。我不知今后该怎么办?人称海蜇大王的百万富翁在 G 镇这个变幻莫测的生意场里尚且被一些突如其来的事件折磨得焦头烂额,更何况我这样一个需人指点的新手?现在我骑虎难下,再后悔也来不及了。对于未来,我惶惑、忧愁、左右为难。离沪时想上东北使自己拥有十万元的暴发思想在残酷的现实面前被击得粉碎。对于暴发我早已心灰意冷了,唯求今后能太平无事。然而,吕林把我当作了灾星,平白无故地驱赶我,我还从未受过这样的屈辱。

我感到独在异乡的孤立无援。

痛哭一阵后心里似乎好受一些了。

我直起身子，擦干泪，呆呆地坐在沙发上。对于明天，我苦思冥想着，仍然一筹莫展。

明天，明天怎么办？

傍晚时，我想通了。应该体谅吕林的苦衷，他连连遭难，火气难免大一点，出口伤害我也在情理之中。

何况，在G镇，我没有一个亲朋好友，除了跟随吕林外，我别无他路。

"或许我能为吕林做点什么……"我坐不住了，匆匆下楼，速回旅社。

两车海蜇仍停在旅社大院里。大妈正吃晚饭，吕林、老赵不在。我问大妈，大妈说吕林他们请司机在饭店吃饭。

"补交八千元税金并听候处理的通知解决了吗？"我吞吞吐吐地问。这是一块心病，吕林因此迁怒我。

"解决啦，大妈说过，住我们店最安全了。看到吕林一个大老板愁眉苦脸哭哭啼啼的，大妈会不管吗？大妈唤秋娟叫来了她哥。在G镇，什么天大的事，还不是秋娟她哥一句话吗？她哥写了张条，叫秋娟送去刘家，刘还敢怎么样呢？"大妈唠唠叨叨说着。

"不用补交八千元税金了？"我仍然不放心。

"还交什么税啊！秋娟她哥一句话就省下八千元。如果罚款的话，上万元的钱也说不准呢。"大妈笑着说，"吕林与老赵决定今晚七时出发,将两车货发往南方,准赚大钱……"

"现在仍在禁期,海蜇能运得出去吗?"我来G镇这些日子,多少也懂得一些有关的禁令。

"如果过了禁期,大批海蜇涌向南方,能赚大钱吗?"大妈反问。

我是不敢冒这种风险的,好在这两卡车货没有我的份。关于我的海蜇,吕林似乎早忘了。倒是有一次老赵对我谈起,可能吕林全部收购完后再考虑我的。我虽然忿忿不平却又无可奈何。

大妈告诉我,吕林、老赵拿了秋娟哥的纸条,可以顺利通过G镇的各检查站。他们将货运到南方后马上抛掉,赶回G镇,还可再抢收一批货。

"阿晨,他们这一去大概要四天,这段时间你自己玩玩吧。"大妈关照说。

我明白了,现在我真的将孤苦伶仃形单影只留在G镇了。

我在大院内呆呆地站了一会儿,有些百无聊赖。

大门锁链响动。

我去开门。

开进一辆警车。

大妈忙着迎上前。

警车是秋彬特地派来护送吕林、老赵的货通过各检查站的。两个年轻的公安,与大妈很熟悉。

秋彬没来。

院内一切忙碌都似乎与我无关了,我成了多余的人。我怏怏地与大妈告辞。

二十八

饭店里处处游动着那些如同幽灵般的服务小姐,玫瑰色的西裙,浓妆妖娆,鲜艳夺目。

也许因为我是个单身女子,服务台的小姐每见到我总狡黠一笑。作为女性,我明白她们的目光中所包含的种种猜疑或轻蔑,我常常在这无言的对视中臊得满脸通红。

"先上餐厅随便吃些什么,然后早点上床休息。"我匆匆穿了件衣服,转过身,忽然愣住了。

门口出现了袁洪。上下焕然一新,合体的西装,天蓝色的花格子真丝领带,头发梳理得光洁乌亮。两眼炯炯有神,气宇不凡,挎着一个咖啡色的牛津旅行包。

他变得太英俊潇洒了!

"怎么,不欢迎我?"他笑着问。

"我,我真认不出你了!"我忽然变得心慌意乱,忙着迎他进屋,"你这么快就回来了?"

"我将货一抛出,马上坐飞机到B市,在B市叫了辆小车直送我到这里。"

"坐飞机?你携带巨款坐飞机?"

"我这个旅行包里有三十多万现金。"

"你这样打扮路上安全吗?"我想,吕林的伪装穷瘪三的形象可能还更安全。

"其实比起轮船与火车,飞机是最安全的。再说西装领带也并非老板的专利啊,怎么不安全呢?"袁洪掏出了一包金黄色的"三五"牌外烟,抽出一支,叼在嘴上,摸出了精美的打火机。

"你抽烟了?"

"你不喜欢我抽烟吗?"

我急忙否定,我是无意问的。

他无论我作出何种解释,还是收起了烟。

"我晚饭还没吃呢。"他提醒着说。

他执意说今天由他来请客。我争了几句,无奈何。

酒菜端上来了。

他说餐厅里的不少顾客,大都来采购苹果的。因为G镇除了海蜇外,苹果也是一个特产。

"谈谈你的这次生意吧。我知道,你的第一笔生意成功了。"

"现在南方的海蜇正处在青黄不接之时,我的两车货一到S市,就被个体户们批个精光。海蜇批价猛涨到每斤十七元。跑了四天,我除了还掉曹公与姓方的渔民的债外,大约还剩十四万,我想再搞两车,钱不够,可能还要向渔民赊上几万。离禁期还有几天,这是今年最后一次机会了。一过禁期,南方的海蜇价必将直线下落,这生意就难做了。"

这消息令我兴奋又焦急。因为我清楚地了解到只有在禁期、在南方海蜇大量缺货的情况下上市才可能暴发。然而,梦寐以求的暴发机会毕竟离我那么遥远。

"吕林他们这些天在干什么?"

我讲述了近几天的情况。

"他们今夜走？"

"他们带了秋彬的条子，还有辆警车护送，说可顺利通过各检查站……"我抬起头望着他。

"我相信他们能通过 G 镇的各检查站。有秋彬的条子足够了，完全用不着警车护卫。这是做给吕林看的，但是他们却难过锦州这一关。车开往南方，锦州是必经之路，无法绕开。锦州与 G 镇相隔几个市，好几百里，我不信秋彬的手神通广大到能伸到遥远的锦州……"他轻轻干咳一声，端起酒杯喝了一口，放下杯。

不远处，一位妩媚的服务小姐坐在那里，胳膊肘支撑在桌上，正注视着这边。见袁洪转来了目光，仿佛候了许多时间了，不失时机地向袁洪挤了挤眼，送来一个甜甜蜜蜜的飞吻，神情轻狂。

袁洪微笑着回报给服务小姐一个媚眼。

我看得十分清楚，心中竟浮起一种酸溜溜的醋意，但又不便说。我算是他的什么人呢？

"听说这里的服务小姐都是'鸡'……"我不自觉地提醒他。其实这又关我什么事呢？

"谁说的？"他倏忽回过头，"如果自身不检点，处处有'鸡'存在。阿晨，你说是吗？"

我十分尴尬。

"我怀疑吕林他们过锦州的能力……"他扳回了话题。

"吕林不是几进几出锦州检查站才成为百万富翁的吗？"我困惑地问。

他沉默，苦笑着摇头，欲言又止，忽然离开话题向我劝起酒来。

"如果在锦州被拦下,要补税吗?"

"补税?"他淡淡一笑,"如果仅是补税,老板们早就源源不断将海蜇装运出去了。现在是禁期,一旦查到海蜇偷运,马上全部没收……"

"啊……"我吃惊。

"他们的车可能在明天凌晨一时左右到达锦州,这时正是检查站最松弛的时候。但是无论怎样松弛,检查站总有人值班。正因为如此才使老板们不敢轻举妄动。"

"那么你呢?你把锦州检查站讲得那么可怕,你怎么闯过去的呢?"

他意味深长地微笑着,并不回答,忽然说:"阿晨,你如果想同我一起干,我可以护送你过锦州。"

我吓得连连摆手。

原来我是有请他帮忙过锦州的想法,但是当他说出闯不过去"全部没收"时我已吓坏了。我没有这个胆量,我的四万元不是暴发来的,而是劳瘁困苦栉风沐雨一个铜板一个铜板积聚起来的。我不是个赌徒。

楼上传来了轻松柔和的舞曲。二楼走廊尽头有个舞厅。

餐厅里几个服务小姐情不自禁地偷闲扭动腰,摆动起身子。

袁洪说明天还要赶早,得早点休息。

我吞吞吐吐地说这几天没事干,又不敢单独外出,我想明天随他一起去海边。

他高兴极了:"太好了太好了!"

我们离开餐厅上楼去。

袁洪租了个单间。

他送我回房。

当他经过人群时,如同一石击水,溅起一片水花,凡是女性总忍不住回视他,有人情不自禁低唤一声:"真俊!"

我忍不住多看了他几眼,我也没料到他稍一打扮便会如此英俊潇洒。

临分手时,他给我一千元,说这是在 B 市我的花费,他当时说过要还的。我再三推辞,他生气了。我害怕了,只得收下。他于是笑了,我上了他的当。

也许我多喝了点酒,又太疲劳了,一觉醒来,天已大亮。我猛想起今天要随袁洪去海边,忙着去敲他的门。

他不在。

从走廊尽头传来我熟悉的嬉笑声。

走廊尽头拐弯处是个服务台。

"他在干什么?"想到服务台那几个妖艳的女人,我便浑身不舒服,也没勇气上前。

"老板,你带我去广东玩玩好吗?"一个娇滴滴的声音。

"我不是老板。我这个人外表像好人,其实是个流氓,你不要看错了对象。"袁洪在回答,"万一我把你的肚子搞大了怎么办?"

"我不怕……"

"你有供我吃喝嫖赌的钱吗?如果你送我五千元,我就跟你走，把你折腾得舒舒服服。"袁洪的声音。

"哟，你真幽默，玩笑开得十分可爱……"

"我开玩笑吗？其实我的这身打扮就是勾引有钱的女人上钩，我对钱感兴趣。你没钱，吸引不了我。你如果喜欢我，我便宜一点开个价，一天五十元。"袁洪顿了一下，又补充一句，"当然你可以讨价还价的，就像集市贸易一样，我的俊相对女人也是一种商品……"

"你……"惊讶的女声。

"请代为保密……"

听到走来的脚步声，我知道是他。我马上退回屋里。

心怦跳着，我不知他刚才的话是真是假。不过，我厌恶这种油腔滑调的幽默，如果他以为是幽默的话。

敲门声。

"进来。"

"我早就来过，敲过门，你仍在睡。"他一进门就说，"我已干了不少事，把钱还给了曹公与姓方的渔民，上车站叫了两辆卡车。曹公随车上桶厂买桶，我来叫你。马上上餐厅吃早饭。大约半小时，卡车从桶厂返回，经过这里，我们就上车去海边……"

"要不要我付你一天五十元啊？"想起刚才听到的，我心里仍不舒服。

他笑了。"昨天夜里那个女的来敲门，我没理睬。今天早上经过服务台时被她缠住了，我吓唬她几句，你全听见了？"

"如果她真舍得付你五十元呢？"我仍有气。

"我就敢在大庭广众下抱住她，把她的头当作猪头肉来啃，啃出伤来。"他说着自己也忍不住哈哈大笑起来。

"你,真像个流氓!"我被引逗得笑出声。

"这叫以毒攻毒……"

二十九

G镇的富裕完全是靠了党的十一届三中全会的英明决策。自从国家放权,劳动致富成了口号,渔民的富裕在短短几年内就实现了。从穷困到富裕的时间之短成了天方夜谭的神话,但这毕竟是事实。家有数万元的渔民在这里已沦为贫困户,且被人斥为"懒汉"。

这地区曾发生过强烈地震,所以没有高楼。一眼望出去,尽是新盖的平顶楼与深宅大院,极有气势。我曾见一处如同上海某宾馆式样的规模宏大的大院子与新楼,以为是政府机关。一问,才知道是渔民的私宅。据说仅那个富丽堂皇的牌楼就花掉了十多万。

当然,也有令人遗憾的地方。

初到这里,最强烈的感受是私人住宅建设搞得轰轰烈烈,而公共设施却糟糕得令人惊讶。差不多尽是泥路,海蜇加工中排出的污水全部流向路面。由于各家的地基垫得很高,公路仿佛成了条河。不管这里阳光多灿烂,路始终泥泞不堪,臭气冲天。拉海蜇的卡车、拖拉机、大板车仿佛在河道中艰苦地拖拉着,污水泥浆四溅,车轮深陷在乌黑的泥浆中是常有的事。

私人住宅精心构建一掷千金与公共设施无人问津一毛不拔对

每一个初到 G 镇的人会产生强烈的感慨。

曹公领着我们去一家家渔民大院看货,然后进行一番讨价还价的拉锯战。

在 G 镇,除了海口,其他渔村的海蜇加工都局限在自家的大院里,也同样是水泥池,池中是蜇头或蜇皮。池上盖着塑料薄膜或大张机制瓦,以防海蜇被太阳暴晒。

常常由曹公作为客户的全权代表出面,一谈妥,马上签订合同。从车上卸下空桶,小工们下池捞上海蜇装桶、上磅。双方互相监视,防止舞弊。

据说发生过不少这样的事,火车将海蜇托运到南方,开桶,却是水,无海蜇。或者上面海蜇,下面砖头,令客户叫苦不迭。什么时候狸猫换太子的,谁也记不得。

袁洪分配我的任务是"看",就是多生几只眼,防止渔民将砖瓦、海蜇"脖子"、碎海蜇什么破烂东西趁人不注意装进桶中。袁洪说这类事常常发生,而渔民在事实面前为面子会死不认账,所以必须防患于未然。

我的工作既清闲又重要。在我的监视下,一切很正常。

到下午二时,离两车装满还差几十桶,车与人马又换一家收购。大家都说要休息一会儿,吃点东西。我提了个空桶,去附近的杂货店(当地招牌叫"卖店"),买来了汽水、面包、蛋糕等东西。

货全收购完,车停在路边。

曹公说等候一下，因为前面检查站中有个检查人员还没下班。这个检查人员几次三番要曹公领客户去收购他家的海蜇。曹公看过他的海蜇，加工得不好，质量差，要价又高，明摆着要借曹公的手去敲诈客户。曹公一直将此事拖着。冷质次价高的货介绍给外地客户会砸了他曹公的牌子，但是曹公又不能一口回绝这位检查人员，万一对方恼恨起来给曹公点颜色看看怎么办？曹公说并不怕他，但怕麻烦，唯一的办法就是躲开他，另外如果有一些眼看没有成为大老板素质的外地客户来找曹公，就将检查人员的货介绍出去。去年浙江来的几个客户，曹公便这么干了。曹公就是这样平衡着 G 镇的各种利害关系。

曹公又说了许许多多利诱与威胁并存的话，目的只有一个，跟着曹公发财，甩了曹公破产，曹公得到的劳务费是合理的。

"曹公，我想到海边去看一看……"袁洪站起来，请曹公和我看护着货，独自向海边走去。

穿过公路是高粱地，高粱地外是大海。

我很想说随他同去，但啜嚅了一下，羞于出口。

袁洪穿过公路，隐没在高粱地里。忽然从高粱地中浮出，登上赭色的寸草不长的沙岗，接着又隐没在沙岗后了。

沙岗后是大海。

曹公十分健谈，还在喋喋不休。曹公说袁洪是个百万富翁的料，有大老板的素质。虽然刚刚起家，曹公也不敢欺侮他。曹公表示愿与袁洪长期合作下去，就看袁洪有没有良心，会不会成为大老板后像吕林那样甩了他。

袁洪走后，我显得有些心神不定。

在我的心目中，海滩是个富有浪漫情调的地方，海滩边男女追逐的情趣对于从未涉及爱情的我来说，充满了想象的诱惑。

"阿晨，你也想去海边？"曹公看到我心神不定的样子，明白了，"你要去就去吧，这里的货我会看护的。这里的海滩是极美的……"

我猛回过头，"真的？！"

"袁洪是个招人爱的俊小子……"曹公望着我微笑着说。

我脸一红，转过身，向海边跑去。

穿过公路，高粱地里有条小路。走在小路上，满地高粱在海风吹拂下，窸窣欢响着，仿佛在迎接着我。出了高粱地，我登上了沙岗。

开阔的沙滩上，一条正在大修的海船倒扣着。船头被木柱高撑起，好像一个大凉棚。袁洪坐在这特别的凉棚下，一动不动地凝视着右前方。

顺着袁洪的目光，一条宽阔的大河入海处，传来阵阵女性的嬉笑声。几个女人正在水中泡澡，披散的黑发，裸露出水面的上身，晃悠着坚挺的乳房。一个女人忽叫一声什么，从水中突然站起，一丝不挂丰腴光滑的娇躯马上暴露在众目睽睽下。一阵更加快活的笑声。那女人赶快蹲伏下，将身子藏入水中。又有几个女人走下海，有的将身子沉入水中后，将衣衫裙子脱出，也有的当水没到膝盖时就匆忙脱得精光，然后扑向深处……

这是附近村子的渔姑，想不到如此浪漫！

"他跑到这里来原来是为了偷看女人洗澡……"我心里莫名地涌起一阵苦涩。

走下沙岗,走到他的身后。他居然专注得没发觉。

"喂,看女人洗澡当心红眼睛!"我冷不丁地说了一句。

"是你?"他被惊醒了,回头。

"你好认真啊,我看你眼球都快掉出来了!"

他没有生气,招呼我坐下。

沙地十分潮湿。我搬来块石头,坐在上面。

"我喜欢这里……"他轻轻说。

"这里有女人光身子洗澡吗?"我讥讽地说。

他诧异地回头看我一眼,苦笑着,目光又转向远处。

沉默。良久。

"我平生第一次看到如此美丽的画面。落日的火焰融化了坚实具体的女人形体,模糊掉原先清晰的女性优雅的线条。她们的秀发松散飘逸,在夕阳的映照下呈现出橘红色,仿佛燃烧着的云霞。她们太自然了,有画家画笔中出现的那种矫揉造作的媚态吗?"他愈说愈感慨,"你看海面,反射出水的波光,于是水面上愈呈现出骚动不安的光点。这耀眼闪烁的色彩跃动着,每一光点的出现与熄灭的短暂如同人生一样,总显现出瞬间中的无限性和丰富性,让我感受到的是一个生气勃勃的鲜明世界。一切是那么的尽善尽美,色彩和光的和谐在这里替代了人的丰富感情。"

我被他的激情所感染了,我看到他晶莹的眸子中流泻出的孩童般的无邪的纯净。

"阿晨,你见过如此酷似音乐与诗歌的杰作吗?见过如此精炼、深邃和内在的美高度统一的景致吗？"

我默默无言，我相信自己错怪了他。

海浪一次次涌上海滩又退下。

"你常来这里吗？"我小心翼翼地问，怕影响他的良好情绪。

"有机会就来。"他动情地说，"我真想坐在海边长时间注视着这大自然中最美的画面……"

"喂，老板，曹公叫你们快回去，准备开车了！"一个雇来的小工站在沙岗上喊。

他浑身一震。

我站了起来。我有些怜悯他对大自然的痴情，上前拉他，示意他可以走了。

他紧抿着嘴，像与情人别离般恋恋不舍地瞥了一眼大河入海口。

三十

车顺利地通过了各个检查站。

车经过G镇邮电所时，袁洪似乎触景生情，望着左侧的大树，流露出茫然的神情。

树下并没人。

我猛想起那个叫云芳的少女，满头黑发上一朵特大的金色绸缎蝴蝶结。

我悄悄笑了。

天完全黑下来时，袁洪与他的两卡车货向南方进发了。

我与曹公告辞后想先回秋娟旅社问问有没有吕林、老赵的消息，经过邮电所时，我无意抬头。

邮电所左侧大树下，一位熟悉的少女正焦灼地左右顾盼，好像在等人。

"是她！云芳……"我一下子认出了。"她在等谁呢？等袁洪吗？"想起刚才车过这里时袁洪茫然的神情，我肯定自己的判断，心中掠过了一些不快。

云芳的形象与上回所见判若两人，没有了那特大的金色蝴蝶结，面容不再被化妆品涂抹得艳丽而夸张。胸部不再像 G 镇其他女性那样平坦坦的，而是高高耸起，素白的衬衫隐露出里面的淡黄色的乳罩。

我马上想起上回袁洪对她所作的长篇议论，我想视而不见地走过去，我瞧不起这位卖肉体的少女。但是，又不忍心让她干等下去。天黑了，一个少女等候在这里总有潜在危险。

我迟疑了一下，终于回过身，对她冷漠地说："喂，你在等那个广东人吗？十分钟前他已去了南方！"

"他走了？"她眼中露出了深深的不安。

"他约你在这里吗？"我好奇地问。

"他通知我六点三十分等候在这里，我迟到了十几分钟……"云芳懊悔得想哭，"他走了，他一定生气了……"

我不想分担她自怨自艾的痛苦。

"他还会回来的。"

"你是他的朋友吗？"

"我是他的同行。"

"打工的?"

我未置可否地笑了笑。

看来他对袁洪的旗开得胜并不知道。

"他什么时候再来?"

"我也不清楚,但是他很快会回来的。"我产生了恻隐之心,话语显得温柔了些,好像在安慰自己。

我原想问一下情况后马上回饭店,没料到吕林他们出了大事。

吕林喝得酩酊大醉,躺在小间单人床上死去了一般。老赵没有醉,坐在房东卧室的沙发上,酒气冲天。秋娟趴在炕上,脸通红,分明也喝了酒。

"怎么,不是说要四天后才回来吗?"我惴惴不安地问。

"全军覆没啦!"老赵长叹一声。

"啊……"我被震惊了。

"车到锦州,被检查站扣下。因在禁期,全部没收了!"

"不是说吕林年年在禁期跑南方才暴发的吗?"我困惑地问。

"这是事实,但是往年吕林的生意一直由广东人袁洪安排的。也怪吕林自己,这些年人家帮他发了大财,他却一毛不拔,有本事的谁还愿为他卖命……"老赵愈说愈气,"事后还责怪人家浪费钱,弄得人家左右不是人。像吕林这种人怎么变成了大老板,也是老天爷瞎了眼……"

我明白了一切,两车海蜇十五万元钱全部付之东流了!

我忽然惧怕起来，怕吕林从大醉中突然醒来，我会被连遭霉运的吕林斥为"灾星"，就像他的一切倒运都由我引起，我岂不冤屈？我又何尝希望他的生意一笔接一笔地泡汤呢？

在吕林未醒来之前，我急匆匆地告辞。

三十一

洗了澡后，我感到浑身慵懒疲软，躺上了床，静静回忆着白天的一切，忽神魂颠倒于海滩的他的激情中，忽茫然失措于吕林的又一次遭灾，或忧愁或欢愉或憋闷或沮丧或百感丛生或流连忘返……

"笃，笃，笃"，敲门声略显急促。

"谁?!"我以为是服务员，有些恼火，都快深夜十点了，还来干什么。

"我……"男人的声音。

我大惊失色，很快联想起有关这饭店的种种丑闻。

"半夜果然响起了敲门声，大概以为我是等候嫖客的'鸡'了?"我真有些哭笑不得，"不过，我是决不会去开门的。"

"阿晨……"颤颤悠悠的声音。

"是老赵……"我终于听出了。

眼前浮现着一对淫荡猥亵的眼睛。在这深夜，我怕与这位色鬼单独在一起，有凶险的感觉。

"阿晨，吕林自杀了!"

我的头"嗡"地一响，仿佛要昏过去了。

在老赵的催促下，我从呆滞麻木的状态中醒了过来，短暂的间隙，心里一团乱麻。"吕林自杀了？我怎么办？"一连串的问题袭上了心头。

我的身子已扑向门口，开门。

老赵趁机溜进屋子，返身将门关上。

"你……吕林没自杀？"一看到老赵那双充满了欲火失魂落魄的眼睛，我全明白了，一种受骗的感觉袭上心头，我连连后退着。

老赵没有扑上来，他忽然扑通一声跪下，脸因激动而扭歪了："阿晨，我爱你，你行行好，可怜可怜我，不要赶我走……"

"不……"我的双手本能地护住自己，厉声喝道："你滚出去！"

"阿晨，你就发发慈悲吧，今夜让我睡在你身旁。阿晨，你不答应我，我就不走。阿晨，你看我一个大男人向你磕头了！"接着他的头"咚咚咚"地撞在地板上。"阿晨，你要我干什么我就干什么，杀人、放火，只要你发个慈悲允许我住一夜，就这一夜……"他跪在地上，双膝移动着向我逼近。

"流氓！流氓！"我愤怒地叫喊着，竭力想躲开他，跑出门去。

他向前一跃，双手紧紧抱住我的双腿。

我怒火中烧，手狠抓狠拉他的头发想将他推开，可是这家伙中了邪般地死不松手。

"你再不放手，我要喊人了！"我疾言厉色地说。

"你喊吧喊吧，我不怕。我什么也不怕，我今夜就想得到你!"

他紧抱着我的腿,脸像胶水般地贴着我的小腹。无论我狠命撕抓或厉声叫喊,他始终不放松。他好像真的什么也不在乎了,我急得泪水直淌。"他真的要强暴我?"我的腿在他疯狂而强有力的拥抱下已站不住,好几次趔趄着差点倒下,我明白自己一旦倒下,后果将不堪设想。

我退到了墙角,两面的夹角成了我的支撑。

"阿晨,阿晨,你难道就这样狠心吗?"他忽然仰起头,颤着声说:"阿晨,就这么一回,谁也不知道。你就行行好吧!"

"你……"看到这张充满邪恶的脸,我怒不可遏,横眉竖眼地扬起手掌,狠狠抽着他的耳光,"流氓!流氓!"

"一,二,三……"他没有躲开,脸竟迎上我,口中喊起被抽打耳光的数。

于是我感到了被愚弄上当的沮丧。我停住了手。

我心慌意乱,又急又恼。手掌热辣辣的,好像肿起来一样。

"阿晨,你打啊,你打啊!你就是捅我两刀也行。我求求你,将裤带松一下,一次,就一次……"他声泪俱下地说。

他的脸被抽打得红白相间,好像变了形,然而那目光依然燃烧着火焰。

"你放手,我们谈谈好吗?"我的口气转缓了,我变理智多了。我明白如果继续这样硬抗,我无法逃脱他的手。

"你答应了?!"他又惊又喜。

"你放开手,我们心平气和谈谈好吗?"

"只要你答应,我什么都可以听你的。"他松开手,"我也不怕你出什么鬼点子。"

"看你这种样子,能讨女人喜欢吗?"我温柔地说,"你去浴室洗个澡,将头发梳理一下,像个男人的样子……"

"行,行!"他一迭连声地说,忽然又犹豫不决起来,"你如果趁机溜走怎么办?"

"我不会走,我等你。"

"你如果哄骗我,我只要见到你,不管在大街上还是在其他什么地方,我会当众把你衣服撕个精光,然后占有你……"

"好吧。"我并不想溜走。

他放心地走进了浴室。

我端坐在床上,我想冲出门叫人来,但是在这举目无亲的G镇,天知道以后会发生什么事。况且看这家伙为了女人真有不怕身败名裂说得出干得出的样子,我是个姑娘,我能不顾及自己的声誉吗?

传来浴室里的清晰的水声。

我焦灼不安。

忽然间想起了,我从随身携带的物品中取出一把水果刀。红色的柄,锐利的刀锋,刀背上还有道深槽。

"如果这家伙逼急了我,我就捅他一刀,或者两刀,三刀,直到他放手……"想到这里,我握刀的手微微颤抖起来,我感到了莫大的伤心凄楚。我千里迢迢来到G镇,得到了什么?除了烦恼、忧闷、失意、委屈、痛苦外,还有这邪恶的紧逼、难言的恐惧。

浴室的门开了。

我赶紧将刀藏在床单下。

"或许这一回在他的进逼下会伤了他或不慎杀死了他……"我有些茫然,坠进了那种人生如梦的无限悲哀中。

"怎么样,等我等得不耐烦了?"他嬉皮笑脸竟赤裸着身子走来。

"先把衣服穿好,我们还没谈呢。"我淡淡地说。

"怎么这样婆婆妈妈的不爽气?"他十分不快又无奈,匆匆套上衣裤。

"坐下谈吧。"

他坐在沙发上,盯着我:"说吧,有什么要求?"

"你喜欢和女人睡觉?"

"我离不开女人。"

"你为什么不去城南呢?那里不是有女人供应吗?而且据说都是十八九岁的少女,比我嫩得多了……"

"我没钱啦,我的钱全被她们榨光了。去那里,你没有个三五十元钱,她们谁也不买你的账……"

"老赵,听我讲完几句话,你想对我怎么样就怎么样,好吗?"

"你快说快说啊,我等不及了!"老赵猴急地说。

"我不是你所需要的那种女人!"我从床单下冷不防摸出了那把水果刀,冷漠地扬了扬,"因为我不喜欢这种事。我多少也是个老板,像你这种人见得多了。上海有个流氓,比你野蛮多了,想占我的便宜,对我胡来,被我咬去了一截舌头,还被我捅了两刀,痛得他在地上直打滚。接着我马上去报案,最后这流氓以强奸犯被判了刑。而我呢，什么也没损失……"

"你……"他一下子昏了头。

"老赵，看在我们一起出门多天的分上，我先把丑话讲在前。你要胡来……"我冷笑一声，"你的皮肉大概不会比上海的那个流氓坚韧多少。那个流氓的下场你已知道，我不再重复，我想你是个聪明人，自会选择的……"

"你，你赖账了?!"他失去了主意。

"我们是朋友，有话直说。你说你离不开女人，我相信。你说去城南没有钱，让我怎么相信呢？你不是个大老板吗？你不是说你的那个破蛇皮袋里有三十万的钱吗？"我直视着他，警惕着他突然耍赖。也奇怪，当他失去主意时，我却因此增加了勇气。

"唉，我如果真是大老板就好了，那么什么女人都可以玩了！"他长叹了一声，"那个破蛇皮袋什么也没有，是个真正的破袋。袋里有条旧被絮，被絮里装的不是钞票，而是几十本旧书。我是用来骗骗你们的！"

"真的吗？"

"我对你也直说了，我要骗吕林带我来东北，我不得不冒充阔佬。他向我索要一万元，我痛快地答应了，说待采购完毕就付给他。我向人借了一千元用作出门花销，现在已剩下几十元了。"

"那你来东北想干什么呢？"

"我想回S市后可以介绍别人来，每人收取一千元，介绍十位就是一万元。这次两车货说是和吕林合搞的，就是他相信我有钱，他答应先垫出，却不料货在锦州翻了船。可G镇后，他喝得酩酊大醉，我想他马上要醒来，醒来后要同我结账，两车货每人摊一车。我哪来钱啊！我除了溜之大吉没什么好法子。我的那个蛇皮袋仍在房东卧室里保管着，这家人家对旅客的东西倒是从不翻动的。所以我即使溜了，几天内他们还不会警觉的。阿晨，我爱你，我想在溜走前与你欢度一个良宵。阿晨，我求求你了……"

我显得冷静多了，我不知道是否该相信他的话。不过，我已不再心惊肉跳了。我像个女流氓似的将刀放在眼前，用手指试着刀刃，作出一副无所谓的轻松样子："你去找喜欢你的女人。你没钱吗？我可以送你一些……"

沉默。

他似乎在思索，紧盯着我。

在衡量利害得失吗？还想缠住我吗？

我又渐渐在沉默中紧张起来。我怕他拒绝，但是表面上强作镇静。如果……如果他扑上来，一定要胡来，我真的准备杀人吗？

"你准备给多少钱？"他忽然问。

"你说吧。"我稍稍松了口气，也许事情并不像我预料的那么可怕。

"两千！"

"两千？"我被激怒了，喊道，"你以为我是开银行的吗？你以为我怕你吗？你是个疯子啊？你来啊！你有胆量来啊！"

"阿晨，你让我说完好吗？我可以打个欠条给你。我不需要你送钱，这算什么呢？我向你借钱不行吗？"他开始退却了。

"我可以借你五百，多一分不干！"我斩钉截铁地叫道。

"行，就五百吧！"

我扔给他纸与笔。

他写了起来，将欠条递给我。

我心疼地摸出十张五十元的大钞扔在他面前。

纸币纷落在地。

他蹲下身子一张一张地拾起，折叠好，藏进西装口袋。站起身来，潇洒地捋了下头发说："多谢你了。我马上就走……"

出门时他向我做了个鬼脸，顺手拉上门。

"又是五百没了……"不知怎的，自他一离开房间，我就悔之莫及。如果我少给他一点呢？比如给三百、两百，或者一分不给，他又敢怎么样呢？

离开上海后，海蜇一斤也没收购，钱却流水般地扔着，而且每一笔都扔得莫名其妙，扔得冤枉憋闷。从没见过像我这样出门做生意的。而这五百元竟送给这色鬼去嫖女人，更是助纣为虐。我愈想愈觉花得冤枉。

他被我信口开河胡编乱造吓唬住了。我当时玩弄着刀子，满不在乎地威胁着对方，那张嘴仿佛被人支配似的胡编着一个流氓企图强暴我的故事。他果真被吓住了。我当时的模样一定像个女流氓，这是我意想不到的。我总隐隐觉得有人在暗中怂恿着我，是谁呢？那个人在我眼前忽隐忽现漂浮不定。

"啊，对了，是他！是袁洪！"我猛回想起来了，"这叫以毒攻毒，他流氓，你比他更流氓；他无理，你比他更无理，或者叫无赖。"这是袁洪作为人生经验教给我的。

三十二

老赵失踪了。

两天一过，吕林沉不住气，当着房东大妈等人打开了老赵的那个号称藏有三十万的破蛇皮袋，正如老赵所言。

一条薄薄的破被絮，几十本旧书。

吕林明白上当了，他又遭受了一次沉重打击。锦州没收的两车货无可置疑地全部由他来承担，老赵除了口上允诺以外，连一张欠条也没留下。

他在经过肝肠痛断的折磨及秋娟全家苦口婆心的劝慰后，不得不再一次忍受着前后损失二十多万的残酷现实。

吕林的脸急剧消瘦了，愈显阴沉冷漠。

他从一次次的失败阴影中走了出来，他总结了失败的教训，即无论如何不能再冒险。他毅然决然抛弃了曹公，请来了秋彬当捎客与保护人。他答应给秋彬与曹公同样的扣率。秋彬是国家干部，不能收取回扣，但示意母亲接受回扣。

海蜇价在悄悄涨起来。当各地老板清楚地发现这一现象时，海蜇涨价的速度突然加快，这令老板们疑惑不安又欣喜若狂。涨价带来不安，涨价又证明海蜇总量并不多，供不应求，最终说明今年做海蜇生意的老板人人有暴发的机会。

吕林也看到了更大暴发的曙光。

"物以稀为贵"，这句俗话其实贯穿了整个经济领域，刺激出市场的丰富色彩。它促使不断创新，它是真理，是暴利的奥秘，是破产的必然。它没有现成的答案，一切靠自己去市场观察、思考、判断。

吕林振作起来了，像所有上 G 镇采购海蜇的老板一样，认识到千载难逢的机会来了，得尽快抓住它。

他每天租上几辆卡车，雇上一批小工去海边抢购海蜇。他自有得天独厚的优势，经过 G 镇各检查站时不用交税，或象征性地交一丁点的税，自有秋彬派了熟人跟车一路上打着招呼。

每天傍晚或夜里，他的满载海蜇的卡车在好几辆蓝白色的三轮摩托警车的护卫下回城，谁还敢欺侮他呢？秋彬也常来看他，但是这位年轻的干部颇能掌握分寸，从不久留。每次来，那腰间的手枪和子弹套格外引人注目。有时他还从警车中牵出那条吓人的高大狼狗。狼狗的口始终大张着，伸出条血红柔软的舌头，喘气粗重。

大院里停满了吕林的货。

海蜇大量上市时期也是 G 镇诸如牛科长、税务稽查刘之辈们捞钱的大好时光。他们耐不住寂寞，处处主动出击，常常先给外地老板们来个下马威，拦住海蜇货车，填上一张远超过国家规定税收的税单，让老板们吓得脸色发白。再补上一张罚款单，将老板们折腾得快要昏过去时，出现了救世主。他们此时会兜出其目的，使老板们在恐惧中看到曙光，就是顺从牛、刘之辈的心意。

G 镇的一些并不显眼的政府小人物也不甘示弱，在一些极细小的问题上卡住老板们的货，能拖则拖，能赖就赖。你不明白吗？不明白来 G 镇干什么？不少老板经历多次，早被调教得十分听话，敢怒不敢言，脸上佯露着笑容，只是掏钱的动作显得并不潇洒。不过没关系，这不潇洒的动作虽生硬别扭，却是打开绿灯的按钮。

因为有秋彬在，吕林不存在其他老板所遭遇的一切。秋彬本身就可打开 G 镇的一路绿灯。

我是个不识时务的姑娘。我随吕林去海边采购，目睹这赤裸裸的强行索贿的场面时就忍不住开口了："这不是在索贿吗？在上海，千元以上的受贿就要投入监狱。你们难道不怕吗？"

报之以心平气和的微笑，不屑一顾。

没有我所期待的"惧怕"或因"惧怕"而"收敛"一点。只是诧异和莫名其妙，把我当成天外来客或是不领市面的孩子。

无疑，大人从不喜欢孩子的参与。

虽然我的话没起作用，吕林却因此讨厌起我。

"阿晨，你在饭店待着。"吕林忽然变得和颜悦色，"待我的货收毕后通知你，帮助你收购，好吗？"如同哄骗孩子。

我心慌意乱地申辩了几句，没用。我急得要哭了，一再保证今后决不多嘴。但是吕林毫不松口，不为我的哀求而让步。

作为一个从上海跑到千里之外准备发大财的个体户，面对着外部世界轰轰烈烈的抢购和直线上涨的海蜇价，我急得如同热锅上的蚂蚁，却束手无措。

乘着三轮车经过邮电所，不由得瞥一眼左侧的大树。今天我看到了另一幕惨不忍睹的场面：

一位西装革履的男子被三个当地痞子毒打在地，一歹徒用皮鞋硬底使劲地狠踩男子的头脸部。这倒霉的男子头脸沾满了泥土和鲜血，口鼻处更是一片模糊。脸变了形，好像刚出土的山芋。人也好像昏死过去似的听任毒打。

歹徒轮番用脚或踢或踩着那男子，口中不停咒骂着。

青天白日下竟没人上前劝阻！

我猛地吃一惊。我认出三个痞子中有一人我曾见过，在秋娟旅社。"当地最有名的痞子，公安机关黑名单上有我们大名"，当时他们如此向我炫耀过。

我忽然怕见到这些痞子，怕他们注意起我。幸好三轮车飞快地驶离了他们。

眼皮突然跳了几下。"难道有什么事发生？"我忐忑不安地想。

自从回饭店后，眼前不断浮现着那张血肉模糊的脸。

"我应该在哪里见过这男子。"我想。

心中忽一惊。

"会不会是老赵？"这个想法一冒出来，就死死缠住了我，令我愈想愈肯定自己的猜想。"是的，一定是他，是老赵。他会被打死在那里的，无论如何，我们是同行，我不能见死不救！"

我从沙发上跳起。"我得去救他，将他送医院抢救！如果痞子还在打他，我则马上报案！"

邮电所。

没有恶狠狠的咒骂,没有惨不忍睹的毒打,没有老赵,没有痞子。

当然,也没有云芳。

除了那棵略显凄清的大树。

邮电所门前的灯光映出了地上已经变黑的斑斑血迹,证明白天这里确实有人被毒打过。

"去报案?秋彬是刑侦队的,一定会插手。吕林必请秋彬找老赵索要损失,我因此反遭老赵恼怒。最寒心的是老赵这家伙色眯眯的,万一缠上我,怎么办?老赵如果被打死了,我的一切努力又无济于事。"

报案与不报案,搞不好,我里外不是人,反遭麻烦。

"老板,去哪儿?"雇来的车夫问。

"回饭店吧。"我颓然垂下头。

海蜇价每天在涨,从三天前的七元涨到了八元,三天中整整涨了一元,完全用不着将海蜇抢运到南方。

暴发成了必然。

暴发在日后。只需将海蜇抢购到手便是日后暴发的条件。

吕林明白海蜇已不多。他深知南方涨价幅度必定比产地大,愈往后,价愈高。待到南方海蜇不多时,他吕林将积压的海蜇一下子抛出,那时他在 G 镇损失的二十多万可全捞回,他的钱不再是一百万,而是二百万或三百万。

在这个社会里，钱的拥有量在相当多的人眼里是他游戏人生的水平，是人"成功"与"失败"的标志。企业有钱，领导成企业家；个人有钱，可以使人自由，使你成为你自己。但是钱并没使你与众不同，仅是你的生活环境的改变，使你与你的生活有更多的联系，或者你与你的生活分隔开来。钱在这里就是一道无形的光环。

据说金钱除了幸福外，什么东西都能买到。但是有一样东西是金钱所无能为力的，那就是金钱拥有者的良好品行。

对金钱的追逐就是赌博。

吕林抱着足够的信心。现在他只等禁期一过，海蜇就从大院拉向火车站。秋彬与火车站挺熟悉，会很快调拨集装箱，然后发往南方。只要海蜇上了火车，他今年成为拥有两百万的大老板就成了必然。这利润不再是百分之几十，而是以几何率数递增。

他看清了这是一个千载难逢的机会。他决定紧紧抓住这机会不放，并且尽可能最大限度地利用它。这一回，他不但聚集起剩下的近五十万的现金，还请秋彬在 G 镇立了账号，拍了个加急电报给 S 市的妻子，请她迅速凑齐所有的钱，用快递将汇票送至他在 G 镇的临时银行账号上。有秋彬在，吕林能一下子取出所有账号上的现金。

吕林成天成夜忙碌着抢购，根本没法子也不想顾及我区区四万元的货。他说，他仅收了我两千元手续费，将我带到了 G 镇就算不错了。如以每天收购两万斤海蜇计算，每斤涨三角，他迟一天就损失六千元，傻瓜也不会撇下自己的六千元去为他人办事。

福建、山东、浙江、温州、江苏等来自全国的个体老板们的抢购很快形成了一股狂潮，这样更刺激了海蜇价的飞涨。

路上来往的海蜇车辆忙碌不堪。

为避道口的各检查站，不少老板在诸如牛科长、刘之类的人的带领下，等候到晚上，在各检查站扔上几条好烟或塞上些钱，便顺利通过。

三十三

我正为海蜇的价格飞涨心急如焚又徒唤奈何时，袁洪来了。

"袁洪，我该怎么办……"我仿佛遇到了救星。我才开口就觉得鼻子发酸，喉头一阵阵涌动，讲不出其他话，眼前一片模糊。

"阿晨，你怎么啦？"袁洪惊愕地问，"有人欺侮你了？"

泪水无声息地流淌着。

"阿晨，你说啊，究竟怎么回事？"

我呜咽着，断断续续地诉说了心中的苦涩。

他忍不住笑了。"阿晨，我全明白啦。听着，把你所有的钱准备好，明天早晨，我和曹公先为你收购。总共才百来桶的货，半天时间就完了事，你看如何？"

我羞羞答答地笑了。

"快把泪水擦干净。哎，瞧你这模样，我刚踏进门，一个长得很美的姑娘就哭了，人家以为我欺侮你呢。"

我顺从地掏出手帕擦干了泪水，心中莫名涌动起一股女性的柔性。瞟了他一眼，"你吃过饭了吗？"

"你请客吗？"

我挺高兴听到这话。

他建议上大街上的个体饭店去吃饭，说那里卫生状况较好，而且随便你自由配菜。

我举双手赞成。

年轻的女老板满面春风迎了上来，热情得令人感动。

袁洪不想喝酒，无论什么低度酒也不喝。我本来就不喝酒，于是各要了一杯饮料。

"你好福气！"打扮得花枝招展的女老板忽俯下身，凑近我的耳边，"他长得真俊真潇洒！"

我的脸红了，偷偷瞟一眼他。"他怎么稍一打扮就这么英俊潇洒？！"我想。

他什么也没注意，正认真地用计算器在计算，双眉尖因为凝思而紧蹙着。

"喂，吃吧吃吧！"我提醒。

我们边吃边聊了起来。

"我这次将货运到S市，扣除一切费用，净赚了十多万。"

我惊讶。我难以相信赚钱在他身上竟如此轻而易举。两次生意，前后加起来不到十天，他从身无分文捉襟见肘的穷小工一跃成为拥有三十多万现金的阔佬，这简直是在梦中才会有的事！

而看他,没有任何狂喜激动或感叹,除了形象改变外,什么都没变。

"我这次回 S 市,我女友的哥哥想方设法要到国外去洗盆子打工赚钱。我对他讲,其实在当今中国,天空中像雪花一样飞舞着钞票,就看你怎么去抓。赚钱的机会包围着你。而长期来,人们习惯了端别人盛上的饭,虽然这碗饭有荤也有素,但是吃起来的感觉毕竟两样……"他扬起头,湿润润的眼睛中流露出那种我所熟悉的自信。

"你有女友了?"我的心怦跳着,不得不打断他的话。

"有,在 S 市的叫寒妹,在 G 镇的女友你已见过叫云芳,在上海的女友叫阿晨。"

我心中泛起一股酸楚的感觉,因为我发现他的心中藏的不仅仅是我一位女性。但也听出了他所讲的女友与恋人是不相关的,纯粹的朋友关系。这多少给了我某种期待与希望。

袁洪与曹公果然来了。

卡车与小工安排了。塑料桶和海蜇一样出现了空前的紧张,曹公与桶厂是老关系,隔夜已打过招呼,他们属于插前照顾的。

桶厂设备简陋,工作条件差得不堪设想,一股热腾腾难闻的塑料味充塞了车间。女工们全身被烤得湿透衣服,忙碌得无法顾及我们的询问和好奇。

现存的桶早光了,只有等候着从机器上热轧出的桶,轧出一只取走一只,刚轧下的桶滚烫得上不了手。

桶终于购齐,我付了钱。袁洪说我今天的任务就是花钱,将我身边的钱花尽。

G镇的海蜇已所剩无几,大片大片的海蜇池空空如洗。对老板们来讲,这是振奋人心的信息。海蜇价一涨再涨,抢购风愈演愈烈,更刺激产地的海蜇暴涨。

老板中流行着这么一句话,"越有钱的老板就越穷!"当老板们看准机会准备下大注时,常会感到囊中羞涩。他们清楚地明白今年海蜇的量已定,要到明年新海蜇上市时才告一段落。他们明白在有限的量中,注下得愈大就愈有暴利的可能。在这种形势下,十万元的老板想投二十万,二十万的老板想投入三十万。而钱的空缺部分常常靠借款,向其他行业的老板借。目前市场上的借款利息一般为一分半到两分。也有的老板凭借着松散的会社形式,比如每人出资三万,五个老板就聚集起十五万,这十五万资金归一个人用,每人动用三个月或半年,如此轮换。尽管这松散的会社形式的人员行业不同,平时天南海北,到期,前一个老板会准时将钱交给下一轮老板,很守信用。我不少朋友就是靠这种会社形式做大生意的,几年来相安无事。

海边。

曹公带领我们走进一家渔民大院。袁洪对海蜇的质量严格得近似挑剔,软货不要,烂货不要,没过三矾的不要,有毛的不要,带脖子的不要,有沙的不要……

这种严格挑剔令我为渔民抱不平,但是我明白他们是在为我干,我还能说什么呢?而如此严格挑剔的结果是价格比一般高出一至两角。

中午，在池边匆匆吃了些干点心。

"这个渔村叫什么？"我喝不惯从"卖店"买来的汽水，甜腻得无法下咽。我从渔民水缸里掏了点井水。

"蓝旗。"曹公回答。

"哪两个字？"

"蓝天的蓝，旗子的旗。"

"曹公，是不是满洲八旗中的蓝旗？"袁洪突然插话。

"你怎么知道的？"曹公反问袁洪，"在我所有的客户中你是第一个问出了个有学问的问题。"他有点惊诧。

"东北是统治中国二百九十五年的清王朝的发祥地。女真民族在十二世纪曾是东北战无不胜攻无不克的骄子。十七世纪太祖努尔哈赤为复仇，凭他父亲留下的十三副盔甲打天下，统一了女真民族各部，把'女真'改为'满洲'，取消'可汗'改'皇帝'，取消中国姓'佟'，改姓女真姓氏'爱新觉罗'，把满洲人编为八个旗，这就是有名的满洲八旗……"

"袁洪，你说得出哪八旗吗？"曹公笑着问。

"其实满洲八旗是努尔哈赤创立的一种图腾结构，分正黄旗、正白旗、正红旗、正蓝旗以及镶黄旗、镶白旗、镶红旗和镶蓝旗。所以满洲人没有地的籍贯，只有旗的籍贯。它是一种全民皆兵的户籍制度，后来演变成一种单纯的军事制度……"

"袁洪，想不到你对东北的历史了解得比我还多啊！"曹公感叹地说。

"我想这个村叫蓝旗，可能是正蓝旗的省略，那么这儿可能还有其他的旗……"

"公路前面的那个村就叫镶红旗。"

我一动不动凝视着袁洪。我不知他说的这些是否对,但是他的谈吐令我觉得新鲜。我过去接触的男青年除了一些无聊的娱乐和谈论以钱为中心的话题外,很少涉及这种内容。也奇怪,与他多相处一天,我便有新的发现,他身上呈现出的色彩也更加绮丽多姿。

"我好像记得,毛泽东说过不要学八旗子弟,所指的就是八旗子弟的腐败。"袁洪继续说,"这种独特的八旗制度为努尔哈赤立下了近三百年的大清王朝,同时,这种制度也害了八旗子弟。根据制度,每一个满洲男孩一出生,立刻有一份战士的薪饷。东北地广人稀,自有贫苦的汉人为他们耕种,再加上丰厚的薪饷,使八旗子弟沉湎于声色犬马中,成为大清腐烂的根源……"袁洪说到这里,抬起手腕看了下表,忽然站起身,大声招呼干活。

一切又忙碌起来。

袁洪既是老板,同渔民讨价还价,又是工头,关心着从城里雇来的小工干活的质量。

身为掮客的曹公,每年的劳务费达十几万,在 G 镇是个著名人物。G 镇的海蜇能走向全国,毋须否认,在客观上曹公作出了一定贡献。然而,正因为曹公常常一天赚上数千元,钱捞得轻而易举,又无成本,便成了 G 镇人妒忌眼红的对象。

为自身安全,避免麻烦,曹公干事特别小心。

由于 G 镇的牛科长、稽查刘一类的人,近年来用逃漏税收办法吸引老板们,曹公身边的客户"哗啦"一下子跑掉不少。曹公感叹之余只能在服务质量上与牛科长他们展开竞争，但是，不管怎么样，曹公确遇到了最强劲的竞争对手，对手有权有势，他曹公又能如何？

当最大的客户吕林背弃他投奔秋彬时，曹公处于一片冷落之中。

袁洪的出现使他又一次兴奋起来，一方面他确实欣赏袁洪的才能，另一方面也为自身的利益，希望袁洪的暴发能使其他客户清楚地了解这一点，"跟着我曹公，成为大老板是必然的。"于是他第一次出面为身无分文的袁洪作担保，又借给了他钱。

曹公可谓是殚精竭虑啊！

在通过各检查站时，除了交纳应交的税金，他并不想为客户逃税而使G镇患红眼病的人栽祸于他。此外，还取出了早就准备好的高档烟，作为润滑剂，作为感情投资。

"我们这样干心里踏实……"曹公一再解释着，掩饰收购海蜇交税后成本大大提高，对客户的不安心情。

货车从G镇经过

G镇影剧院门前，有反映清宫生活的电影《垂帘听政》的巨幅彩色广告画。

我知道这是大影星刘晓庆主演的。想起刚才在海边的话题，"曹公，慈禧太后也是这里人吗？"

"据我所知，在东北有许多自称叶赫那拉氏的后裔的村子。在距这里一百多里的海边有个村就是那拉氏姓，说都是慈禧太后的后裔……"曹公解释着。

"慈禧一出名,也处处出现了假冒'名牌产品'了,弄得真假莫辨。"袁洪淡淡一笑,"其实慈禧是个又愚蠢又自以为了不起的老太婆。当年这老太婆看到义和团杀洋鬼子的声势越来越大,生怕自己的政权也被推翻,假惺惺讨好义和团,佯装对洋鬼子宣战,背后又偷偷派驻外使臣们去求和。可洋鬼子不买账,并以此为借口,开始了八国联军入侵中国,不到两个月就攻陷了北京城。慈禧这时顾不得脸面了,乔装扮成农妇逃往西安,从而导致了此后丧权辱国的'辛丑条约'的签订……"他苦笑一声,顿了一下,又说,"现在好了,中国人面对世界,再也不是低三下四的了。改革开放,这是一项伟大的历史创举,它使国人清醒地认识到自己在这星球上所处的位置和作用……"

我如痴如醉地听他讲,这个头脑精明的广东人,他竟懂得那么多!

车开到秋娟旅社,曹公满面笑容热情地同大妈招呼着。

大院里已无空地,叠放着吕林的货。

"腾出房间吧。"曹公建议。

"行!行!"大妈连声赞同。

我们的货寄存在秋娟旅社是曹公的主意,为了不得罪秋彬而采取的妥协措施。曹公说每家私人旅社都愿意腾出房间堆货,因为收入数倍高于旅客住房收入,而且不用床被电灯等设施,何乐不为呢?但是如果将货拉到别的旅社去,天知道秋彬会做出何种反应。

大家一齐动手,将床铺以及破橱搬出,腾出了一间二十多平方的房。

货卸入了这个大房,上了锁。

此后的两天中,我一直跟随袁洪去海边收购。

三十四

禁期结束的第一天。

清晨,曹公叫来小工们,把拖拉机开往旅社,将货装上后往火车站驶去。

十多辆拖拉机行驶在熙来攘往的马路上,浩浩荡荡,令行人常驻足观望。因为规模大,为防备中途失窃,曹公唤来了女儿和女婿协助,说拖拉机手在中途借口抛锚,使海蜇失窃的事常发生。

车站。

灰白色的尘土烟灰轻扬着,好像大雾天。到处是杂乱无章的煤摊、货物、木箱、矿石等。

车队在大行车下依次停下。

纵横的钢轨,高大的露天行车,行车边散乱停放着好几只集装箱,有十吨、五吨和六吨,且全是没上锁的空箱。一边高地上还有一些一吨箱。

然而,车站上没人干活,呈现出死气沉沉的景象,不知出了什么事。

曹公盼咐女儿女婿看护着十多车货,带着我和袁洪去办理托运手续。

曹公干了这么多年的捐客,深知禁期一过,箱子会空前紧张,所以前几天频繁跑车站,落实了今天的箱。

在 G 镇,每当禁期一过,集装箱成了最热门的抢手货。老板们要将海蜇发往外地,必须有箱。车站一些人看准箱是奇货可居的宝贝,于是用来敲诈老板。车站内部人员每人都想得到箱子,常常争吵不息。最终是一来集装箱,就分配下去,大家得一点好处。各地老板除要按规定交纳一切应交的运费、箱费、保险费、装卸费、印花税等,还须向站上空箱的拥有者交纳好处费。十吨大箱三百元,五吨六吨箱一百五十元,一吨小箱也要钱。好处费归车站个人所有。

曹公在车站有相当牢靠的关系网,据说他每年从十多万劳务费中挪出几千元到这里来"上炮"。

"上炮",这形象的名词,与上海人所说"烧香敬佛"同义。然而,从这"上炮"的名词创作中可看出北方人主动直露的性格,不像上海人那种敬敬畏畏被动忸怩的性格。

"你'上炮'了吗?"每逢老板们在 G 镇办事被无故卡住时,有人会提醒你。

而曹公"上炮",外人并不知,这对被炮击的对象无疑极安全。只有当吕林等一些老板纷纷离开曹公另投他人时,其他捐客才揭露出来。捐客们说曹公之所以在车站要箱子容易,因为他也"上炮"。所以曹公的劳务费也不尽到手,而是从□取出一部分去"上炮",上至站长,下至临时工。当然,每人以权势不等,"上炮"内容也不尽相同。

据袁洪说，原先在车站办理一切手续，由曹公一人办。完事后，曹公向你出示一份明细账，一笔笔有票据的和无票据的。对于有票据的，老板们自然无话可说，但是对于无票据的，例如对送给某某人多少钱物之类的话总有"被曹公借口吞了"的疑惑。认为曹公心太黑了，拿了劳务费还变法子敲诈哄骗老板们的钱，这也是老板渐离曹公投靠他人的原因之一。从吕林背弃开始，曹公明白这一点，与其他掮客一样，一切"上炮"都当着老板的面，使老板们心里踏实，不产生误会。

曹公找到了站长。

站长不无歉意地说站上搞货物托运的人不肯干活，原因是箱子来得太少，分不均，没拿到箱子的人虽说今后两天来了箱可补上却仍然闹情绪，不干活。车站是流水作业，任何越位工作是不可以的。

"今天不行了吗？"曹公递上两包烟。

"看样不成了。"站长将红塔山烟放进口袋。

"你站长下令也没用？"我忍不住插话。

"人家不听你的，下令有什么用？"站长无可奈何地说。

袁洪用肩轻轻撞了我一下，横我一眼，使我很快想起袁洪的再三告诫："跟着曹公，见怪不怪，做哑巴，拿眼睛看。有话咽到肚子里消化。"

我挺不好意思。正是因为我多嘴才被吕林抛弃，不肯带我外出采购。

通过协商，站长同意，海蜇既然拉来了，腾出一间空房，停放我们的货。

海蜇卸入空房，上了锁。

站长说在车站内，安全没问题，不用人看守。

"今天看来托运无望了，站上在闹罢工。今夜我再去站长家探听消息，如果站上各人的利益关系摆平的话，明天上午八时，我上饭店找你们一起到车站办托运。你们今天好好休息，明天如果办完托运，下午你们可以回南方了……"曹公说。

又剩下我和袁洪了！

"怎么样，离中饭还有一个多小时，有什么安排吗？"

"你说吧。"我说。

"你先回旅社把账结清，你和吕冰如果有什么账也可一起结清。明天如果能托运，估计在下午二时到三时，事情办妥，我再和你结账。"他顿了一下，"到时你如果愿意同我一起走的话，我们再商量怎么走，好吗？"

我当然没意见。

"袁洪离开了我，一定又去会那个叫云芳的妓女……"想到这，我心里酸溜溜的不是个滋味。

三十五

一踏进旅社，我就感觉到气氛不对。大院内空无一人。

吕林的货丝毫没动，也许他知道车站在闹罢工？

大黄狗一见到我就汪汪乱叫,我在这旅社进进出出这么些日子了,它还把我当作陌生人。

推开房东家门,径直走进那间兼作会客室的卧室。

"大妈,大伯。"我亲亲热热地叫着。

又向沙发上的吕林点头招呼。

吕林神色黯然,愁眉锁眼,抑郁烦恼。看我一眼,又把头深埋下去。

大妈与大伯闷坐在炕沿上。

不见秋娟。

屋里烟雾腾腾,空气混浊。沙发茶几上的烟缸里堆满了劣质烟烟头。看样子,这种压抑的紧张气氛已维持了好长时间。

"或许吕林舍不得离开秋娟?"我猜想。

"阿晨,托运办妥了?"大伯的神色缓和了些,问道。

我把车站的情况讲述了一下,对吕林说:"幸亏你今天没有去办托运,要不也白白浪费时间。"

吕林脸色苍白,猛抽着烟,心不在焉,并没理会我的话,忧心忡忡。

"吕林,究竟出了什么事?"我已有预感。

"阿晨,你来了,我请你评评理。"大伯愤愤不平地说,"我们今天准备和吕林好好地把账结了……"

"吕林,欠了人家的钱总要还的。"我又多嘴了。我几乎肯定吕林太吝啬,吝啬到想赖掉秋彬手续费什么的,"我今天正是来同大妈大伯结账的。"

"阿晨，还是听你大伯说完吧。"大妈打断我的话。

"阿晨可以为我作证。"大伯气冲冲地说，"我家秋娟才中学毕业，有文化有知识，长得也好看。那一天夜里，她到吕林住的小屋里聊天，谁知吕林不安好心，硬是强奸了她。她第二天就哭哭啼啼对我们讲了……"

"我没有强奸她，没有，没有……"吕林急急辩白。

"你，你这个流氓，出了事你就赖账了?!"大伯勃然大怒，一把抓起炕席上的茶杯就砸吕林。

大妈用手挡住了，茶杯"咣当"一声跌在地上，四分五裂。茶水迅速在地上漫溢开了。

"老头子，你别胡来。事情既然到了这种地步，可以商量解决的就尽量商量解决，不要把事情闹大了。"大妈劝说着，"你把事情讲给阿晨听听，让她来评评理。"

大伯继续说："吕林强奸秋娟后，为逃避罪责，再三向她保证，同妻子离婚，与她结婚。虽说我们做父母的恨不得将这禽兽不如的东西当场打死，但是想到我们那个从小娇惯了的孩子未来，我们不得不让步。再说既然出了事，打死了他也无法挽回他所犯下的强奸罪啊。我们相信了他的话，把他当作未来的女婿。后来你也看到，秋彬为他的货费了多少心？G 镇一切有关部门都为他的货大开绿灯，而今他的货全备齐了。我们不是不相信他，我们总要对秋娟的未来有个交代。我们不说秋彬为他的事，为他省下多少税金，也不说如果像曹公一样收劳务费他该付多少，还有为他到海边采购海蜇动用的警车。你看看，有哪个老板上 G 镇采购有这等威风？还不是秋彬把他当作了自己未来的妹夫？我们估计，这一笔笔账算起来，决不会低于几万元。他以为我们东北人是傻瓜，可以随便哄哄？万一他将货托运走了，我们的秋娟被他白白糟蹋吗？我们一家这些日子来围着他转不全成了傻瓜？阿晨，你说说，他是不是应该对我们有所交代？"

我终于听出了眉目。秋娟一家不是傻瓜，我也不是傻瓜。我明白了。

一切围绕着一个金光四射的"钱"字。

金钱就像是一个千娇百媚的女人，她有时情意绵绵躺在你怀里，有时狠毒得像个女魔一下子毁了你，谁也无法全部占有她。她对每个人都展示她的奥秘，却从不永远属于某个人。对于她，你只能是爱得死去活来，爱得愁肠百结。你爱她愈深切，你便愈少了人的尊严，愈多烦恼。

我担忧吕林所处的险恶环境，我明白大伯所谓的交代是什么。

现在吕林的海蜇全部滞留在大院内，还有一件奇异的"强奸"事件。面对如此有权势的房东，我知道不管什么老板，唯一能做的就是听天由命了！

可怜的吕林！

我想不出用什么话去安慰这位节俭又吝啬的百万富翁。

"阿晨，你想想，如果有人强奸了你，又想抽脚溜走，你会怎样？"

大伯激发我的义愤，鼓动我表态。

我淡淡一笑，心里嘲笑这个荒唐的假设。

我相信这是房东全家精心策划的一个骗局，而吕林利欲熏心企图节约数万元的税金、劳务费等，才落入这个骗局。

"大妈，秋娟人呢？"我问。

"她哭得死去活来，被秋彬接去了！"大妈喟叹一声，"可怜的孩子。"

"秋彬知道这事吗？"

"知道了。"

"秋彬说怎么办呢？"我关切地问。

"秋彬指出，要么吕林去坐牢，强奸民女，人证物证俱全；要么回南方同他老婆离了，同秋娟结婚。当然，我们也清楚，毕竟他有孩子，不是说一声离婚就离得了的。我们给他一段时间，但是他离开旅社时必须留下一部分钱作抵押，我们的意思是吕林可以把海蜇托运走，但要留下三万元。"

"三万元？"我惊讶。

大伯点起烟，扔给吕林一支。

吕林有些痴呆，没接烟。烟落到了地上。

大伯拾起，放在茶几上。"我们不是要他的钱，钱是花得光用得尽的，我们也不是见钱眼开的小人。这三万元暂放在这里，待他同妻子离了婚，回到东北，我们会马上还他。我们不是不讲道理的人，我们对他已经是一让再让了……"

望一眼落进骗局的吕林，我怕参与，又怕被吕林斥为"灾星"。我产生速离此地的念头，"大妈，我来同你结账，我明天可能就要走了。"

大妈取出了账本，一笔一笔地报给我听，没有什么错。

我付清钱。想起吕林在B市欠了我的钱不肯分摊。可眼下他处在如此困境，我还能说什么？我迟疑了一下，告辞。

吕林仿佛没听见。

"阿晨，明年来了别忘了将海蜇再存放在我们大院里……"大妈再三关照。

我肯定袁洪正与那个妓女混在一起，心中茫然失措。

不知不觉来到了邮电所。

大树下一长溜用门板搭起的长桌，全是那些封面上乌七八糟男人女人下流庸俗的杂志，这是个体书摊在销售杂志。旁边几个鞋匠摊。

没有袁洪，也不见云芳。

他们会上哪儿去呢？

我伫立在树边，犹豫不决。

良久，有人竟注意上了我，上前用粗俗的东北话挑逗我，大概以为我是个"鸡"了。

我没有理睬。在公共场所，我力避开口，为防意外，被人发现我是南方人。我转身就走。

男人追上几步挡住我。

此时一辆三轮车上来，我招了下手，车主停下，我上了车。

车飞快跑起来，将那流里流气的男人抛在后面。

"上哪儿？"车主问。

"大饭店。"我急促地回答。

袁洪回来了。

我问他一下午都在干什么？他说在车站，那么多货存放在车站有点不放心。

"你没和云芳见过面？"

"我明天可能要离开G镇了，我与云芳见了一面，我要对她讲一声。"他忽然诧异地问，"你怎么挺关心她的事？"

"关心不好吗？"我掩饰着自己的激动，"又在邮电所左侧的那棵大树下？好一个老地方……"

"你跟在我身后？"

我没回答。我将话题支开，讲起吕林所面临的困境。

他默默无言，似乎在回忆什么。

三十六

火车站。

车站职工的个人利益终于摆平，可办托运了。为防备集装箱被人占去，曹公与车站讲定，先将海蜇装进箱再办手续。

一小时紧张的装运，所有海蜇进了箱。

我的一百多桶海蜇够不上装大箱，装了五个一吨小箱。

我的货发往上海北郊站。

打发走了拖拉机和小工，去办托运。

车站工商检查人员年轻的方，在装箱时就一直候在旁边。方一身执法制服，相貌堂堂。一等完事，马上找我们说是进屋谈谈，一脸严肃冷漠。

我们随方走进一间小屋，四周是仓库。

小屋简陋残破。一张单人床和一张断了腿的书桌，几乎没有其他物品，不是办公室，是方的单人宿舍。这宿舍看样不住人。

"坐吧！"方斜靠在床被上。

曹公示意我们在一条长凳上坐下。

"方，你说吧，我们听着……"曹公坐在铁椅上微笑着说。

方微微坐起，脱下大盖帽，将帽朝天放在书桌上，又斜靠在床被上。

屋里昏暗不堪，没开灯，只有一扇小方窗，好像个囚室。

方好像在沉思。

我们在等待。

方终于开口了，说这批货应交 × 元税金。方所讲的应交税金数额大得令我吃了一惊。当然，我的惊讶由曹公来回答了。曹公说根据国家税收的规定应交纳 × 元税。方似乎十分生气，说去年江苏无锡来的一位个体户就是这样交税的。曹公说那是由于你的胡来，这个税额不是国家定的，而是你定的。方说在 G 镇车站由他说了算。

曹公并不与方继续争辩下去，他转开话题询问方父亲的近况。曹公向我和袁洪介绍说方的父亲是 G 镇有名的实权官。方的脸色转缓了，接过曹公的话向我们说他父亲与曹公是好朋友，看在父亲与曹公好朋友的份上，理应叫曹公为伯伯。说对任何人都严格要求交足税，而对曹公带来的客户常常网开一面。

"你说，你要多少？"曹公突然问。

"你看着办吧。"方回答说。

曹公移过随身带的黑包，拉开拉链，取出几张百元大钞，轻轻滑入书桌上那只朝天放着的大盖帽中。

方忽然起身，出门的样子，随口吩咐："曹公，就这样吧，我还有事。车站门口那个绿色铁皮棚的个体杂货店里，我有几包烟钱没付，你先帮着垫一下……"

方从桌上抓起大盖帽，连同大面额钞票一起合上了头。

"他急于出门是想背着人取出吗？曹公问'你要多少？'时，我还以为要补交税，原来他在敲诈。但现在目的达到了就急于出门，一定是车站里办托运的其他客户吸引着他，一定是的。"我想。

方先离我们急匆匆出门。

目睹这一切，我惊愕得心怦然大跳，仿佛自己就是方。

曹公与我们同离小屋，拉上门。

门前走廊里停放着一辆崭新豪华的进口摩托车。

"这是方的车，价格在万元以上。刚才你们所见就是方为什么买得起进口摩托的原因。"曹公笑着说。

我想起牛科长的进口摩托车，颜色与方的车很是相像。

"工商的事完了吗？"袁洪问。

"完了。"曹公说，"我们交足了工商税，方也不能把我们怎么样。我毕竟和他父亲是朋友，给他几张钞票少麻烦。"

谈起方刚才提到的无锡老板。曹公说无锡老板前年来G镇，交足了工商税，为求太太平平，送了方两条烟。但是老板不知好歹，将送烟的事讲给车站其他工作人员听。方由此怀恨在心。去年老板来了，方有意找碴，硬敲了老板一次，开出重税。车站工商管理就方一人，他说了算，要不你发不了车。无锡老板去年必亏无疑，今年不敢来了。

曹公带我们去找车站税务管理人员。因为托运必须有车站税务部门出具的"完税单"。

曹公没有领我们到屋外的窗口办理，那是公对公窗口，谁也不怕谁，没有油水。

我们来到了屋里面。

靠窗是一大书桌，一男一女税务人员面对面坐着。

曹公示意我们在沙发上等候，悄悄关照，"你们注意我的动作。"

曹公上前，与男的税务人员轻轻聊起来。接着仿佛在争辩，竭力压低声音又努力作出种种手势，好像打着哑语，显得异常激烈。

"他们在干什么？"我大惑不解。

"讨价还价……"袁洪轻声说，"你没发现他的手势都显示数字吗？那个家伙怕被窗外等候办理的客户听见，又力争多要钱。"

我吃惊地看着眼前的一幕。

我来自上海，无法理解公开场合中用哑语进行钱权交换，一切都是心领神会的暗号，这并不影响悄无声息中双方争钱的激烈程度。

"桌对面的女税务人员不是什么都看到了吗？这不是等于向她公开秘密了吗？"我不懂的地方太多了。

"你什么也别问，你用眼睛看，你会从不理解到理解。在这个地方，你无法做到遵纪守法。明年来，你会见怪不怪了……"袁洪带着嘲讽的口吻冷笑着说，"不是常说社会是个大课堂，不少知识从书本上无法学到的吗?"

书桌那边,无声争辩结束了,终于达成了妥协。税务人员填写着什么,曹公紧紧挨着他。

营业窗口外面排起了队,正焦急等待。

曹公与税务人员告辞,向我们走来,手里拿着一张"各项税收完税证"。

我接过"完税证",看到背后已盖上"××铁路局G站"的大红圆印。有这个大印,集装箱才可出G站。

"完事了!"曹公松口气说。

我还想问,被袁洪推了一下,示意在这里不要开口。

我们低头默默无语匆匆走出大厅,又被人拦住。

是要钱的。

是铁路上开大行车的,刚才的大箱子就是他给吊的。曹公付了他二十元。

又来了一位要钱的。

是开铲车的,刚才请他将小箱挪个地方,曹公给了他十元。

"不是吊费铲费全付了吗?"我天真地问。

"那是付给国家的。"袁洪回头,"我相信你下次来不会再问这种傻话了。"

"曹公,刚才你和那个税务官谈妥了价,我们没见你给他钱啊。"我问。

"能当着这么多人吗?虽然这不是个秘密,但人总还要点脸面吧。刚才他开口要一千,我只肯付五百。后来以七百五十元换来了他的那个权力象征的大红印。当然不能当着这么多人'上炮',我今夜送他家去。"

"那个女税务官坐在对面,他不担心被她发现吗?"

"上次来客户我找那女的。我一个也不敢得罪,一个一个轮着来。"

有人挡道,满脸笑容。

竟又来要钱。

是刚才热心为我们关箱门的铁路员工。

曹公给了他五元钱。

他不肯拿。

再增添五元才打发了。

关几扇门竟得十元钱!

要钱的一个接一个地挡道,都是站上职工或干部,与我们这批货的托运哪怕有一点小联系也不放过。

我苦笑着摇头。

瞧,一个中年男子挡住了我们。

我已经习惯了。我想:"又来要钱了。"

曹公发烟,又向我们介绍:"这是G站的最有实权的调度。我们是多年老朋友,最铁的哥们了!"

"曹公,这是你的客户?"中年人婉拒曹公递上的烟。

"她从上海来。他是广东人。"

中年男子目光慈祥,说话和颜悦色的,看来终于遇上个忠厚老实的人了。他与曹公寒暄几句后告辞。

车站调度理应神通广大,竟没要钱!

"曹公,站上的调度是个难得的君子了!"我感慨地说。

曹公奇怪地一笑，转过头，向我伸出一根中指，"上个星期，刚向我索要这个……"大拇指点了点中指节弯。

"戒指？"我叫出了声。

"当然不会在站上。"

"那么站长呢？"

"怎么你的问题就是多？"袁洪插了一句。

我不再吭声。

车站大门外。

曹公刚想叫辆三轮回饭店算账，忽然看到那个绿色铁皮棚的杂货店，拍了拍脑袋："看我，差点忘了方的关照……"

我们上前。

曹公对杂货店老板说来付方的烟钱。

"方昨天来拿的，一条半红塔山烟。"

我忍不住想插嘴："方明明说的是几包，怎么是一条半呢，店老板是不是搞错了？"

曹公与袁洪平静地如数付钱。

"也许是方的说话艺术。"我将话咽下了。

三十七

回到了饭店，关上房门，与曹公结账。曹公将清单交给我们，袁洪审看一遍，将劳务费及其他费用付给曹公。

"集装箱可能明天上午上火车。一旦箱子上车，我会发电报给你们。祝你们一路顺风！"

曹公走后,是我和衰洪结账了。

自从我们合在一起干,每天的开支由我负责。结算下来,我欠他三千五百多元。

"就算个整数,三千元行了!"

我携带出的四万多元全花尽了,我没有了钱。我不安地要打个欠条给他,半年内还清。他说那好啊,如果打欠条,就请你在G镇还清吧。又半开玩笑半认真地说幸亏有这笔钱,他以后有理由和我往来。

我们相视而笑。

"阿晨,我们一起走好吗?我护送你回上海后再回S市。"他真诚地说,"你一个单身女孩子从东北回上海,我能放心吗?"

自然,我求之不得。

回上海,坐大连轮最合算且舒服。我们坐火车到大连,天黑了。

我们在大连码头旅社住下。

是早晨八点三十分从大连开出的轮船。船票并不紧张,他说买五等舱,我以为他开玩笑,上了船,才发现他是认真的。

五等舱在甲板下,好像难民舱。船票上加收了空调费,但令人怀疑是否开了空调。船舱里充满浓烈的酸臭味儿,闷热得人一下舱恨不得将全身衣服扒个精光。

"你坐过这种船吗?"他光着脊背,脊背油光晶亮。

我摇摇头。

衣衫一下舱就湿透了,汗一个劲地涌出来。头发粘贴在额前，十分难受。

整个底舱乱七八糟的。机器的轰隆声，乱哄哄的人声，各种各样因环境而无法文明的姿态一览无余。它是社会最底层的生活缩影，船的票价与人的地位在这里得到了印证。它处在坚实的甲板下，缺乏的是阳光、空气、洁静、文明等。

低廉的票价如同它的那些低贱寒微的乘客。

"我不信你是为了省掉那几十元钱才住到这种鬼地方！"我急急忙忙地擦汗，有股无名火。

"如果它比甲板上的船舱贵上几十元，我也必选中它。"

"为什么？"

"因为你是我的好朋友……"

我似懂非懂。

我仿佛进入了蒸笼，被熏蒸得有气无力。我拖着疲软的身子向出口走去，脑海里混浊一片，没有力气和他辩论什么了。

上了甲板，走到露天的船尾，阵阵海风把汗吹干了，我感到沁人心脾的凉快。

船进入了渤海。

大海在灿烂阳光下成了无边无际的深蓝色。它急剧起伏沉陷潆洄翻腾簸荡冲撞，散发着巨大的生命力。

天空是蔚蓝色的，有一缕缠绵的白云飘悠着。

面对如此汹涌起伏的大海，我的心骚动不安起来。眼前隐隐约约浮现着一个人影，他是谁呢？努力睁大眼睛，人影消失了，原来是幻觉。

深深喟叹一声。

船体出现了晃摇。

甲板上的乘客渐渐消失了。

我的头感到一阵阵晕眩难受,我明白这是晕船的先兆。我得回船舱去,那里虽然闷热肮脏混浊嘈杂,但是有位同行,我不会无依无靠。

船体晃摇得人都站不稳,我靠着过道中的扶杆下了甲板。

机器的隆隆声,舱内空气混浊,有个女人对着舱门边垃圾铁桶呕吐起来。乘客们在船的晃摇中变安静了,都上了床,仿佛都睡着了。

袁洪不在,铺位是空的。

"他人呢?"我想。胸口闷得慌,头一阵阵晕眩,有马上呕吐的感觉。上了床,闭上眼,脑海里像沸腾的大海。

"阿晨!阿晨!"

听见有人喊,我睁开眼,是袁洪。

"刚才我来过,看到你的脸苍白得怕人,我明白你晕船了。我马上去船上小卖部买了晕船药。阿晨,你吃下去很快会好受多的。"他边说边打开药瓶,倒出白色小药片。

我坐了起来。因为晕船,懒得说话。接过药片和递上的开水,将药吞下。

"你躺下,会好的。"

吃了药片,躺下后,头很快沉重起来。我昏昏睡去,抹去了船的晃摇和大海的汹涌的记忆。

船体平稳了。

甲板下的五等舱恢复了它的勃勃生机,有人使劲打开了圆形窗口,海风吹进舱来,冲淡了燥热的气息。

我醒了,感到肚子饿。刚想着,一罐饮料递了上来。惊抬头,是袁洪。

"你这一觉睡了整整五六个小时。我看你晚上怎么睡得着?"他笑着说,从床架上取下塑料袋,里面是在大连码头买的熟菜。

我感觉良好。

熟菜——取出,没动过。

"你没吃?"

"我也在睡觉。"他说,"不过睡得比你少多了。"

一股难闻的臭味。烧鸡、猪蹄变得湿淋淋,显然船舱内的闷热是它变质的原因。

我们从变质的熟食上抬起头,目光相触,一齐笑起来。

我说扔了吧,无论如何也不能吃,只是可惜将它白白携带上船。他说他吃得进这变质的东西,而且可以吃得特别香甜,决不会拉肚子。

"不过如今我没有必要吃这变质东西了。"他边说边将食物重新装进塑料袋,扎紧,扔进垃圾铁桶里。

三十八

夜幕降临了。

我们喝着饮料,吃着饼干,天南海北地聊着,丝毫没有倦意。

船上的广播响了,说夜里在餐厅放映录像。

我问:"你去吗?"

"无所谓。"他说。

进入餐厅。

看着录像片,黑暗中身子常不知不觉靠在一起。我感觉到了,急忙分开。他也察觉了,身子不安地侧向一边。

投影录像屏幕上放映什么,根本不知道,如同圆睁着眼的瞎子,只是那颗心尤其敏感。

"你看吧,我出去一下。"他忽然站起。

我猜想他或许是去喝茶或上厕所,很快会回来。他一离开,我全部注意力在看着他的座位不被人占了,我急切盼他快回来。我感觉中已没有彩色屏幕没有音响没有周围的人,心里只系着那位英俊潇洒充满自信的广东人。

"轮船漏水了!"有人突然惊叫。

这惊叫声令所有的观众吓了一跳,目光纷离屏幕而急急追踪。

声音是一位男子发出的,在餐厅右侧窗口边。

几乎同时,不少人从座位上跳起,奔向那个窗口,忽又转身向餐厅外逃去。

录像室里的秩序瞬间大乱起来。

我的脑海里首先出现的是《冰海沉船》的可怕画面。我几乎本能地站起,与人群涌向那个发现轮船漏水的窗口。

窗口外面幽暗的月光下,一股如同碗口大的汹涌白色水柱冲上了甲板，发出"哗啦啦"的水声。

"真是轮船漏水了！"我愣了一下，回过头。

录像室里逃得空无一人。

录像仍在播放，屏幕上一对男女青年在电梯里长久地拥抱接吻。

"袁洪，袁洪呢？！"在这生死攸关的时刻，我猛然想起他。我的心强烈颤抖着，泪水竟夺眶而出，"我要对他说，我爱你爱你，让我们拥抱着沉入海底……"

"快，找到他，趁船还没沉……"我急切奔向门口。

被门外涌进的人挡住了。

"怎么回事？怎么回事？"我急切问。

"在外面碰到服务员，说是压舱水……"

"进去！进去！大惊小怪的！"管理录像的服务员出现了，这家伙刚才不知溜到什么地方去了。

我的泪水还未干，此时我那么迫不及待地想找到他。在刚才那一场逼真的生死考验的瞬间，我发现自己深深爱上了认识不到一月的广东人。他在我心里已根深蒂固，上帝在刚才明白无误地向我昭示着我的爱的归宿。

我气喘吁吁回到甲板下。

乘客们几乎都已入梦境。

我的目光急切寻找着那个上铺。

上铺是空的！

我倏忽转身，跑上甲板，沿着船舷寻觅到船后甲板。

是他？真是他！坐在缆绳用的铁柱上。那铁柱形如蘑菇，大小如方凳。

一个优雅迷人的侧影。

我的脚步缓慢起来，仿佛怕破坏这幅美好的画面，它所发出的灼灼光亮和无限的丰富性，令我陶醉。

"我要对他说，我爱你，我爱你……"心里一遍遍鼓励自己，心慌意乱。我迟疑不决站住了。

他仿佛被惊动了，回过头来，看到我，急忙起身，向我迎来。

"你说出去一会儿，可是我等了那么久，我……"我莫名委屈。

"那种乱七八糟的录像片我根本看不进。"他解释说，"这里真安静，真好……"

我向他讲了刚才录像室里所发生的一幕。

"我真以为我会被喂鱼呢。"我轻轻笑了，又意味深长地问，"袁洪，你知道我在刚才生死一刹那间想了些什么？"

"上帝，求求你，让我把海蜇卖了，把钱吃光用光后再死吧！"他学着我的口音诙谐地说。

"你……总是欺侮人……"我鼻子一酸，泪水无声无息地流淌下来。

"你，你怎么哭了？！"他显得手足无措，"阿晨，阿晨，你说说，你想些什么？你在生死一刹那想些什么？"

我仰起了头，泪水模糊了他的形象。我不明白自己怎么会变得如此多愁善感，我的目光如痴如呆，深情地望着他。

"阿晨，你说吧，我听着……"

"袁洪，我爱你！我爱你！"我像个落水的人急切呼喊着。

他愣住了。

沉默。

船体里传出机器沉重的隆隆声，海浪在船边的"哗哗"声，四周一片深渊般的黑暗，天空却成了海的深蓝色。

他垂下了头，耳语般地讲了句什么，手搭上了我的肩。我感觉到他的手从我肩上所传递出的温柔和多情。

我刚想依偎进他怀里时，他的手却滑下了，离开了我。

几颗星星在闪烁。

"阿晨，我给你讲述我的一个亲属凄惨的爱情故事好吗？"

我温顺地点头。

"他在读高中二年级第二学期时，有一天，他忽然收到了一封信。这是封挂号信，是寄往北京的，被北京邮局退回到他的手里，因为这封信的寄信地址和姓名写的是他家地址和他的姓名。他感到诧异，因为他从来没写过这封信，连信封上的字体也不是他的。邮局退回的原因是北京没有那个地址和姓名。他拆开了信，才发现这是一封遗书，是一位少女写给他的。她在信中说她从初二就爱上了他，一直苦恋了三年，那种刻骨铭心的爱把她折磨得死去活来。她出生在一个最穷困的家庭，本人相貌平常，更让人遗憾的是有一双残腿。她说她深知攀不上他，深知这必是一场悲剧……她忍受不了日夜折磨她的爱，不得不……选择了这样一条路……把她的整个生命……奉献给他……"袁洪的手微微颤抖着，就像一根纤细的琴弦，声音渐渐低沉下去。

海风悄无声息地吹拂着，带来丝丝温柔的湿润。轮船在晃动，冲破黑色的浪花航行着。

我感觉到了砭人肌骨的寒意。

透过深蓝色的浩渺的天穹，我似乎看到天心中央有一双充满柔情蜜意的眼睛忧伤凄迷地凝睇着甲板上的他。

我的身子微微颤抖着。

"你冷吗？"他关切地问。

"不……"我说，"你说吧……"

"他在收到她的遗书后对这位献身于他的少女的了解是一片空白。他只是隐隐约约地回想起约在半个月前，他所在的学校有位女生突然死在公园的天鹅湖中。当时关于她的死纷纷扬扬了一阵子。公安局刑侦大队派出人员专门侦查过，对尸体也进行了解剖，对于她的死因还是一无所获。这件谜案就这样永远搁下了。他不想将她的遗书向社会公开，他明白她希望他永远将她深藏于心中……"

漆黑无边的海洋是多么可怕，就像一个深渊。海浪拍击船体的声音就像从深渊中传出的死神的吼声。这一切令我感觉到另一世界的存在，令我感觉到人在瞬间回归虚无的恐惧。

我悄悄向他靠拢了一下。

"你和她接触过吗？"我昏昏沉沉地问。

我听出故事中的"他"是谁了。

"她给我所有的印象全部来自遗书和她死后人们的议论。我仅知道她小我一个年级，学习成绩全优。至于她的容貌或其他……我差不多一无所知……但是，从此后，我总感觉到有一位面目模糊不清的少女……跟随着我，她的脚微微有些跛……"

他的话戛然而止。他突然想起什么，急切地在身上摸索起来，动作有些紊乱。

哆哆嗦嗦摸出了烟，"啪嗒"燃起了打火机，火舌在颤抖，终于熄灭。

"你在想什么？"我小心翼翼地问。

他长久地沉默不语。

如果不是那个在黑暗中隐隐闪现的暗红烟蒂，会使人怀疑他是否睡着了。

"袁洪……"我耐不住如此深沉的缄默。

"阿晨……真对不起……"低微的声音充满了伤感悲哀。

脑海里嗡嗡乱响，神经在哆嗦，刚才的一切就像一场梦，一种不可言状的苦涩涌上了心头。我像喝醉酒似的晃动着身子，离开了他，向船舱走去。

他没有跟上来。

回到甲板下，我一下扑倒在床上，梦游般地从床头取出晕船药，扔进口里。很快，感觉模糊了，脑海中的嗡嗡声离我愈来愈远。

三十九

"阿晨，快去看海上日出……"

我在昏睡中被袁洪推醒。

乘客几乎全去看日出了。

我两眼惺忪地下床。

天刚蒙蒙亮。

甲板上人很多。海风拂来夜间的寒意,东南方向仍是一片淡红,不见日出。良久,有人等不及先去洗脸刷牙。

"你冷吗?"袁洪轻声问。

"不冷……"

袁洪转身走了,不知去干什么。

汹涌得如同刚烈男子的海水呈现出一片深沉的墨绿色,天边的海水略显弧形。天空蔚蓝、明净,恍若纯真少女的美妙肌肤外披上了一层半透明的轻薄滑爽的白色纱巾,增加了神秘莫测的诱惑力。

海水的汹涌凝重与天空的轻盈安谧恰如男女两性的完美统一。

我的身上忽然被人披上了件衣衫,回头,袁洪。我没有拒绝。

"你还说不冷,看着你哆嗦,连我也快要哆嗦了。"

我的心中莫名涌动着一股柔情,没吭声,转过了头。

船体被洁白的浪花泡沫拥推着,波浪涌动出连续不断的波峰,变幻出无穷尽的雪花。

突然,人群中一阵骚动。

在东南方向的云层的缝隙里,忽然跳出了一个闪亮的橘红的点,红点仿佛在迅速膨胀蔓延,散发出愈来愈炫目耀眼的光彩。它的光芒散落在深蓝色的海面上,形成一条色彩斑驳跳跃闪烁的路,它向船舷延伸着,仿佛一条从船体通向太阳的金光大道。

"呵,多美!"乘客们赞叹。

"太阳像个大熔炉,它熔化出的金汁喷溅到动荡不安的海面上,马上冷却成一枚枚闪烁的金币,可惜它们可望而不可及……"他自嘲着说,"就像人的理想或追求……"

我发现他正凝视着我,那目光如同女性般的温柔慈爱。

回想起昨夜,我满面羞惭,不敢去看他,心里感到一丝隐痛。

船于夜晚到达上海公平路码头,船上可以留宿。袁洪住船上,以便第二天清晨离沪去 S 市。我恋恋不舍,决定留宿,第二天清晨送他上火车。

乘客们陆续下了船。

留宿的乘客重新安排舱位。

我们住进了二等舱。二等舱四个铺位,上下铺,成侧角排列,舱内有沙发、书桌、椅子及洗脸池,他住上铺,我住下铺。

对面两个上下铺住的是一对年轻人,看外表像是城里人。女的脸上化妆品涂抹得过于艳丽,男的则有些娘娘腔。

我原想和袁洪好好聊聊。我不会再提那个难堪的话题,然而自从那对男女进房后,我便打消了我的想法。

男的进房没几分钟,便不顾天气炎热,关上了窗户。说时间不早了,该熄灯睡觉了。

我忍耐着,没有发作,出门在外,何苦呢?

我在那男子熄灯前与袁洪会心地交换了下问候的目光,躺下了。

灯熄灭了,然而码头夜间作业的昡亮灯光从窗户中射进,将屋内映照得如同白昼。

大行车行进中的隆隆声,坚硬的货物互相碰撞的尖利声音,指挥的哨声,嘈杂的人声以及货物从空中坠落地面的"咕咚"声,汇成了一股音响洪流。

我无法入睡。

房内有窸窣声响。

我睁开眼,是那位男子下床。"袁洪的包里有几千元钱……"我不知男子想干什么。

男子钻进下铺女子的羊毛毯中,两人抱成了一团,嘴唇紧贴在一起,羊毛毯起伏骚动着。

我烦恼地翻了个身,将脸面向里侧。

天闷热,门窗关紧了。我将羊毛毯蹬了,身上仍在冒汗,脑海里昏昏沉沉。

我努力让自己尽快入睡,心中默念数字。

也许是汗出尽了,我感到安静了,很快睡去。

天刚亮。传来房外人们的走动声。

我想叫袁洪,发现他已起床。

"天太热了,我想开窗,可是……"他无可奈何地说,"为了照顾干柴烈火的燃烧……"

我轻轻笑了。

对面床铺的那对男女依然如胶似漆相拥着。羊毛毯掩不住身子,那赤裸裸纠缠在一起的腿和手臂百无禁忌地袒露着。

惨不忍睹。

匆匆刷牙洗脸,背起包准备出门。

他忽然转身,轻轻为那对男女掩上了门。

上海火车站。检票处。

我们四目相视,又避开了。我心里话挺多,但什么也说不出。沉默在离别时胜过千言万语。

"我走了……"他忽然说,不等我回话,扭头就走,走过检票处,穿过人群,低着头,匆匆忙忙,仿佛有人在追赶。

我久久伫立着,产生了从来没有过的形单影只孤苦伶仃的感觉,有一些湿润冰冷的东西涌入了眼眶,前面一片模糊。

他终于消失在人海中,没回头。

我忍不住蹲下身子呜呜哭了。

四十

农贸集市大楼。

生意并不忙碌。

有人来买海蜇皮。我热情地迎上前,忽然呆住,竟是我的一个同学。

我们闲聊起来。

"阿晨,你干这活太不值得了。一个蛮漂亮的姑娘弄得身上尽是鱼腥气,当心以后找不到老公……"同学半开玩笑半认真地说。

"那么你说去干什么呢?"我反问着,"你呢,一个月百来元工资加上几十元奖金，人是清爽舒服，但是钱是不是太少了点？我身上有鱼腥气，可收入抵你十来倍，怎么不值得呢？"

"阿晨，你当我满足这么点工资吗？我也整天想着发财。阿晨，我告诉你一个信息。"同学喜形于色，压低声音神秘地说。

"什么信息？"

"你千万别对人说。最近，日本国永仓株式会社准备在上海郊区大量收购蘑菇出口，他们的总裁叫华雄林。我已请了长病假为他们跑了好几天了，选地点，订协议……"同学停了一下，又说，"总之一言难尽。以后有空到我家里来，反正我家你是认识的。"

我心中一沉，莫非又是丁渝在忙碌？

"阿晨，我想待事成后就马上辞职，我还有可能出国呢。阿晨，一旦事成，我就推荐你。你心地善良没坏心，我相信你。到时，我们一年赚它个三万五万还不是易如反掌？"

"我等你的消息……"我淡淡一笑。

我接到通知，我的海蜇箱已抵上海北郊站。

我没有去市场，拉了胖老板一起去北郊，帮助我提货。卡车是她帮着喊的，是公家车。胖老板说公家卡车跑私货，到时候扔给司机几十元钱就行了。

想起在G镇车站三步一岗五步一哨地挡住客户要钱，我去北郊提货时携带了两千元，为防有人敲诈。

北郊站的工作人员态度虽然生硬，却没有发生G镇常见的不愉快的一幕。

当然，个中也有个小插曲：

在我们打开海蜇箱，嘱人搬上车时，一位车站女职工跑来，手拿着一只小小马甲袋，向我要海蜇。

我当时正同人搬海蜇，忙得无法顾及她，将她推给了胖老板。女职工去找胖老板，却被胖老板断然拒绝。女职工脸一红，仿佛怕被人撞见，垂下头慌慌张张地走了。

我想唤住她已来不及。她是门卫，万一车出门被她卡住刁难，我怎么办？况且她的胃口也极小，那只空袋绝装不下三斤海蜇。

装罢货，开车。通过北郊站大门时，我非常担心，因为正是那女职工来接出门证的。然而却见她显得心神不安，仿佛怕我们刁难她似的。

车顺利出了北郊站，没花一分冤枉钱。

这显然是件小事，但是对我的触动是极大的。与 G 镇如此强烈的反差，我没料到。

我拿着在 G 镇交纳的税单，来到了税务所。税务人员说税单不能用。

我惊愕不已，因为过去进货，税单都可用，不能用意味着我将重复交税。税务人员说"代扣税"可用，而 G 镇开的税单是"产品税"。他们说"产品税"理应由渔民交纳，这种税不归国家，归地方政府。

我不得不补交了全部的税金，苦笑着把那几张从 G 镇带来的税单当作废纸扔了。

天黑了。

我为谢胖老板的帮忙,一定请她吃晚饭。

夜里十点,胖老板说声不打扰,走了。我便坐下开始写信。

我与袁洪临分手时,就说过要给他写信。我从不出远门,朋友寥寥无几。这是我平生第一封信,一封长信。想写的东西太多了。

谁叫我面对的是一个捉摸不透的他啊!

我背靠小竹椅,把纸铺在方凳上,那只蓝色的小闹钟正刻板地响着"嘀嗒嘀嗒"的声响。屋子太小了,爸爸妈妈已睡下,时而鼾声中断,便会传来他们睡意蒙眬的声音:"阿晨,快睡吧,明天还要做生意……"接着咕咕哝哝,一句话也听不清,继而鼾声复起。

回忆同行的那些日子,真如一首流行歌中唱道:往事难忘,/温馨如昨,/依然荡漾心头……

袁洪,我一直在想着你。如此牵肠挂肚铭肌镂骨的渴念,常常令我恼恨自己太脆弱的情感。但是,一切又是如此地无可奈何啊。

然而,我决不会、决不会在信上写出那三个灼热滚烫的字!

袁洪,我正在积聚钱。我想待积到三千元时,找个时间上S市还欠款。

"幸亏有这笔欠款",这是你说的。我心里何尝不这样想呢?有个堂皇的理由上S市找你?真可笑。其实要什么理由呢?我想去找你,我想你,难道不也是个充足的理由吗?

我还想问你有关吕林的近况。虽然我给了吕林两千元手续费，吕林也没真心帮助我，但是毕竟因为吕林才认识了你。我不知道吕林"强奸"秋娟一事后来怎么解决的？

还有那个老赵？

袁洪，我等着你的来信。

你快来信吧。

……

爱情像个美丽的魔鬼诱惑着我，纠缠着我，狠狠撕扯着我的心。每当我一个人默坐时，理智和感情就开始厮杀，我精疲力竭了。

孤单地坐在黑暗中，那个完美的广东人就会出现，若即若离，散发着神妙莫测的光芒，好像个幽灵神鬼。

我又默默流泪了。

四十一

生意挺好，一天净赚了五十多元。

胖老板帮我拉来了不少工矿企业食堂的采购员，这些采购员原来就是胖老板生意的关系户。每天从大市场出来回家，我总要经过十字路口，那里的烟贩差不多全成新人了。我不认识的人挺多，也出现了不少女烟贩。安徽夫妇也换行了，借了临街的一间私房，开了个杂货店。他们每见到我总邀我去玩。

然而，我自告别贩烟行当后很少见到丁渝了。

十字路口围满了人，停满了各种车。到处是三五成群、议论纷纷，好像出了什么事。

我挤进人群一看，原来出了车祸。

"……这个被撞的人我认识的，外号叫'恋人'，是化研所的研究人员。一辆外地的四吨卡车撞倒了他，把他弹出一米远，恰巧这时一辆本地牌照的东风车开来，刹车不及，从他的头上轧过……"胖老板兴致勃勃地向人述说着，嗓门粗浊洪亮，"那情形惨哪，看得我肚里打呕。头扁得像块饼，白花花的脑浆和热腾腾的血涂得一塌糊涂，到处都是……"

"尸体呢？"

"送医院啦。"

"人死了送医院干什么？"有人插嘴。

"这叫人道主义。"胖老板的情绪特别激动，"你们想，万一家属看到这惨状不是要吓昏的吗？而且这惨状只要一看到就别想忘掉，这不是摧残人吗？往医院送是最好的办法。到时也讲得清，也不会追究司机为什么不送医院。你说死了，家属说没死，说你延误了时间，害了一条命，你只有哭给他们看了……"

我吃了一惊，我分明听到死者是"恋人"，是丁渝的爱人。化研所的研究人员？不会错，是他。

我的双腿禁不住颤抖起来，"胖老板……"我哆嗦着喊。

胖老板似乎没听见，继续她的"演说"："这十字路口每两年总会轧死一人。前年十月七日轧死了一个骑车的农村妇女，今年十月九日轧死了一个知识分子，后年这时候不知会轧死谁。唉，真是作孽……"

"胖老板,你说死者叫'恋人',是个研究人员。你怎么知道的?"我挤到胖老板面前用尽力气问。

"阿晨啊,"胖老板笑了,"你当我吃饱了饭在这里吹牛?我告诉你,我和他曾经是同学,一个呆子、书呆子。老婆整天在外,匆匆忙忙的,什么也不干,说不定在外卖人肉呢。你看,老公死了,这女人现在不知跑到哪里去了……"

我的头顿时昏昏沉沉,强作精神向胖老板告辞后,挤出人群,向丁渝家走去。

"我怎么开口呢?"我心乱如麻。

我在门口犹豫了许久,终于鼓足勇气敲门。

"屋里没人,你要找人,傍晚来吧。"隔壁人家被惊动了,开门,探出半个脑袋,不满地说。

傍晚,我又去丁渝家,等了一个多小时,还是没人。

四十二

袁洪来信(摘要)

很想你,很想你!

我从 G 镇站发出的海蜇箱已到。在 S 市卸货时出了一件不愉快的差错。行车从火车上吊起一只十吨箱时,吊钩突然断裂,箱从空中跌下,箱里二百多桶海蜇不少破碎。虽然运单上有保险费,但是你想获得却十分困难。因为海蜇还在,仅流失混合液,道理上讲不过人家。这次损失达一万元以上，只能自认倒霉。

我估计今年海蜇的涨势会愈演愈烈，所以我的货全部压库留存。

有客户来买货，我总是热情接待，再三解释我的货收购价高于他人，买我的货不合算，将客户拉到其他老板那里收购。这样我不得罪客户，反让客户感谢我，又可以将我的货继续囤积下去。

因我介绍了好多客户去别家收购，所以我在S市生意人中的威望直线上升，众口一词说我没有生意人所特有的同行如仇人的毛病。

我一直在注意着市场变化。一旦时机成熟，就马上将货抛出，捞它个几十万上百万。

与其他老板不同，我更重视整个海蜇市场的变化，决不局限于S市或一镇一县。

阿晨，你如有可能，不妨也压一点货，使它在仓库里每天无声无息地为你挣钱。你别担心货卖不出去，很明显，今年的海蜇市场出现了缺口，是个暴发年。问题看你沉得住气吗？另外，你也别怕海蜇长期存放会坏。告诉你，我们的货，质量绝对没问题。放它个十年八年也没关系，何况仅压个半年多。

G镇不少渔民加工海蜇时，没过三矾，盐度不到，这样的海蜇出率高，容易赚钱，但却坑害了客户。

吕林是受害者之一。他贪图便宜，投入上百万钱，采购的都是这类货。在过去，他的货一到S市还没有来得及发生腐烂就已马上脱手，分散进了消费者的肚子里。今年想赚更多的钱，他也想压库。

谁都知道他的货由车皮托运，也有集装箱，更兼货的质量比往年糟糕。货拉回S市后，我去看过，手沾了点混合液，用舌头尝了尝，劝他赶快将货全部抛掉。他却以为我妒忌他压库赚钱，不理睬我。

一星期后，他的妻子跑来告诉我，说海蜇中出现了零星的烂货。我一听急了，跑到他家，苦口婆心劝他赶快将零星烂海蜇挑出扔了，然后迅速抛出，越快越好。谁知他竟怒气冲冲将我赶出了门。

天气炎热，不出几天，好像传染一样，烂的范围越来越大。他这时才急了，才想到将货抛掉，但是又偏偏存在着侥幸心理，没有把烂货挑出。

就在今天下午，一位无锡个体户来S市，找到了吕林要购货。抽验几桶时就发现混在海蜇中的烂货，于是再便宜也不敢要了。

吕林的海蜇中出现烂货的消息对生意人来说是很敏感的，他本来就因海蜇暴发成为S市的著名人物。所以，烂货的消息才两天就传遍了S市生意人圈中，谁还敢买他的货呢？

这无疑给吕林一次沉重的打击。

他妻子跑来说，他现在想把烂货放在桶底，上面放一些像样一点的海蜇，然后装运到上海浙江等地抛掉。

在我看来，这样蒙混很难奏效。因为老板们一分精乖，查验起来特别仔细。而一些集体或国营单位虽然抽验马虎，但是当场不付现金或支票。在今后的食用或售出时一旦发现烂货，也会卡住你。这钱款很难拿到的。

无论如何,吕林今年注定完蛋了。他不再是两个月前人人羡慕的百万富翁了。他被命运送回到他两年前的卖豆芽水笋干豆腐的小贩子行列中去了。

多么有趣的人生喜剧啊!

老赵确实失踪了。

老赵的家属已经数次去G镇及附近地区寻找,仍然杳无音信。只听说有人在G镇邮电所见到老赵被几个痞子毒打过,死了一样。我也听你提到过,只是你没有肯定被毒打的男子是否是老赵。又听说老赵诈骗了渔民的钱,被渔民打昏过去,用网卷了,抛到海船上,抛进大海喂鱼了。

老赵亲属寻找的最终结果是,几乎所有认识老赵的G镇人都认为他早死了,不明不白死了。要不,为何连个音信都没有。

听说他们又一连找过好几个算命先生都算出老赵死在水中。

老赵是死是活是个谜。不过,有关他的失踪,这是千真万确的。

你来信中所提到的在G镇交纳的"产品税",在S市可用,所以我没有像你那样交纳两次税。

还有,你信中问的有关吕林"强奸"秋娟一事后来怎么解决的,你的猜想是对的,吕林无非破点财,也不得不顺着秋娟一家的意志转。吕林不得不交给那家人家三万元才脱了身。他随身携带出的七十万现金以及后来他妻子汇出的钱加起来有上百万,所以被秋娟旅社诈去的三万元钱混在这么个大账里,他的妻子并没察觉。

吕林扔了三万元以为过了"强奸"关。

我想,秋娟一家不会放过吕林的,他们将吕林当作了财神。直至吕林与妻子离婚,与秋娟结婚,这样,吕林的家产就归了秋娟旅社。

我早就听说了秋娟旅社想盖新客房想盖饭店想买汽车,想用钱的地方太多了,可是囊中羞涩,秋娟虽不美,却是个诱饵。他们相信吕林会给他们带来一切的。

"强奸"是个绳套,吕林好不容易被套上了,你说他们会因区区三万元而解开吗?

连我想想吕林的未来都不寒而栗,这绳套握在秋娟一家手中,随时可将吕林勒得窒息。

我不像你那样白天黑夜地赚钱,我的货压在家里本身就会生出钱来。我整天东逛西游,今天下午坐在家里,认认真真地给你回信。

很希望你来S市。来前写封信,我来接你。我也很想到上海看望你。

很想你,好想你,真的……

四十三

过了春节,生意相对清闲了许多。

由于"恋人"的死,我每次从大市场回家总鬼使神差地绕开十字路口。然而几个月一过，我对"恋人"的伤感慢慢消失了。每想起他，在我的心中就会浮起一种淡淡的哀忧，似乎这已经是一个相当悠远的故事了。

好像心血来潮，我今天走出大市场时，忽然对十字路口有强烈的眷恋之情，仿佛久别的朋友。

我心急火燎地赶去，毕竟十字路口养活了我几年，又帮助我积聚起八千多元。

远远的，我的目光迫不及待向南路口的电线杆下望去，我全身一阵颤动，呆住了。

那个手持烟箱的烟贩竟是丁渝！

我仿佛刚刚想起，我和丁渝好长时间没见面了。"恋人"被轧死后，我曾找过丁渝好几次，每次都扑空。后来听胖老板说起丁渝为这起交通事故，在经济赔偿方面表现出那种令人难以置信的宽容。

"不过，那两个单位还是给了女人三千元。"胖老板这样说。

"你……你好吗？"丁渝看到我，脸上划过一丝不易被人觉察的羞惭不安，很快恢复了正常。

"你怎么……"我无法理解丁渝的处境。我发现丁渝那么苍老，仿佛一下子老了十来岁。

"阿晨，你别误会。我绝不是为了钱才每天站在这里。别人也许为钱，我不是。"丁渝疲乏困顿的目光忽变得神采奕奕。"我丁渝有的是钱。我在上海外滩的中国银行存有二十多万美元，在上海徐家汇有一套公寓。我如果需要钱，只要开口，日本永仓株式会社马上会把钱汇来。对他们来说，五万十万尽是毛毛雨，掸掉一点灰尘。阿晨，你别误会。你不知道，自从他死后，我太孤独了。我只有站在川流不息的人车中才能忘记这种孤独。但是我如果空着手成天这样站在马路边，旁人会以为我有精神病，于是我只好拿起这烟箱。阿晨，你想，我怎么可能来贩烟呢……"

我微微笑着，并不想说什么。

"阿晨，你如果不信，我可以发誓。"丁渝苍白消瘦的脸涌上了一片淡淡的红润。

"丁渝，我从来没有怀疑过你的话……"说出这话后，我心里难受极了。我撒了个善良的谎话。

有人来买烟了。

我借机赶快向丁渝告辞。

"阿晨，改行了？怪不得好久没见了。"

我忙抬头，是工商所一位熟人。我猛想起丁渝，急急地恳求："有行动事先通知一声好吗？有数！"

四十四

此次去S市，我已没有必要将自己丑化成一个身无分文土里土气的乞丐模样。

我认真重塑着自己的形象。

袁洪喜欢淡妆，我就不想浓妆。

桃红色的连衣裙，款式别致的皮鞋，宽大的手编草帽，帽上的飘带也是桃红色的。轻滑的丝质裙飘悠出我对袁洪的无限柔情。

但愿能博得他的一声赞叹或一个惊喜的目光。

与上次不同，我没有了那种担惊受怕的感觉，一切都是那么赏心悦目。

S市，市郊结合部。

我细看门柱上的牌号。"有人吗？"

"啊，阿晨来了！"围墙内传出了熟悉的声音。

是袁洪，开门，上下打量着我，惊愕不已，"呀，你，阿晨，美得我差点不敢认了！"他倒退几步，眼睛里流露出快乐的光彩，双颊泛起了红晕。

我的心怦怦跳动着，涌起一股冲动，真想投进他的怀抱。我完全陶醉在他的赞叹声中，感动得眼睛湿润了。我出门时的精心化妆不正是为求他的片刻凝视吗？

进屋。

这个独门独户的大院和两层楼农民房是他租借的，宽敞、安全，价钱便宜。

"这是我的卧室。"他推开门。

卧室整洁卫生，除了床、沙发、书桌等，靠墙的大书橱中崭新的书显然刚买来不久，尤令人注目。

床边墙上，有一张外国女人的画像，用贵重的铝合金镜框框着。

画像上的女人目光和蔼可亲，充满柔心弱骨的母爱。

"这是谁？"

"圣母玛利亚,耶稣是玛利亚圣灵感孕而生的。"他眼帘忽然低垂,轻轻说。

"你是个基督教徒?"

他沉默,摇摇头。

我取出两条好烟送他。我来 S 市前,考虑良久送什么,想想烟对男人来讲也许最需要的。袁洪没有拦却收下了。接着我将欠款三千元还给他,他把钱塞回我的凸纹牛皮拷包内。我坚持还给他,他坚持退回。

"阿晨,这是你的钱,你在 B 市为了大家花费的钱,你一定收下!"

"可是在 B 市我也只用去一千来元,而且大家共同花的。这钱却是你个人的。"

"收下!收下!"他异常坚决。

我只得收下。

互相叙述别后的情况。

虽说在东北时,吕林将我斥为灾星,但是,既然来到 S 市,不去看他,道理上有些讲不通。

走在路上,袁洪的西装革履,脸上忧郁多情的微笑,经常使擦肩而过的女性匆匆投来一瞥,目光中多的是对英俊潇洒的他的惊叹。

我从众多女性的闪电般的目光中感受到了一种莫名的幸福和陶醉。

空地上杂草丛生,奇形怪状的石块、碎砖、破缸、铁桶、油毛毡简易棚、围墙、门牌号。

依然寂静无人。

走进了吕林家，似乎一切都没变。

袁洪推开门，大声喊："吕林，你看谁来了？"

"你……"吕林妻闻声跑出屋子，见到我们十分激动。

才短短半年多，我发现这个温州女人消瘦得厉害，脸上的红润消失了，那双俏丽的眼睛流露出深深的不安和焦虑。

"吕林不在……"

我心里并不想见吕林，仅是出于礼貌才来看他。现在吕林不在，再好不过了。我松了口气。

"吕林干什么去了？"

"刚才东北G镇来了一个老头，把他叫出去，说有要紧的事。我不知道什么要紧的事需要瞒住我。家里这么大，要瞒住我也不至于上外面去谈。吕林一见那老头，脸变白了，话都颤抖了。我真担心……"吕林妻忧心忡忡地说。

"老头长得怎么样？"袁洪问。

吕林妻粗粗描绘了一下。"我听吕林叫他大伯……"

我预感是秋娟旅社的房东，他千里迢迢赶到S市有什么事？我忽然想起那个浓妆娇艳的秋娟，明白了一半。然而面对吕林妻，我没敢讲。细看吕林妻，无论容貌肤色身材，远胜那个秋娟，而且看得出是个手脚勤快的人。我实在不明白吕林怎么会鬼使神差与秋娟搞上的？

吕林妻珠泪盈眶，对袁洪诉说："我千关照万关照他好好待你，说是你给我们家里带来了财气，他偏不听。他心痛那几张钞票。他总对我啰嗦说他行，说离了你照样赚大钱。我竟也信了他……袁洪，你回来好吗？我们可以付你工资……"

袁洪再三解释是自己想走，他们待他很好，再三解释吕林有本事，只是一次生意做得不怎么好，谁也保不了生意上不出漏子。

吕林妻愈哭愈伤心。

我不由得深深怜悯起这女人。

面对吕林妻不尽的泪水，我很不安，向袁洪使了个眼色。

他站起身，开口告辞。

吕林妻声泪俱下，没听见。

他又重复了一遍，然后和我仿佛怕惊动她似的悄悄退了出去。

傍晚。

袁洪准备送我去火车站。

依依不舍。

有人突然闯进门说吕林杀人了。

"在哪里？"袁洪急忙问。

"在他家里。"

"人死了没有？"我心狂跳不已。

"我刚听说，也是准备赶去看的。"来人边说边跑了。

"我猜想，是秋娟的父亲前来S市逼吕林同妻子离婚，或敲诈钱财，吕林被逼急了一狠心杀死了那个老头。"

"可能差不多。但愿那老头子不要死。"

我跟在袁洪的身后跑到路边，拦住一辆出租车。

空地上出现闹哄哄的景象。

人群如过江之鲫，推推搡搡，叽叽喳喳沸反盈天的议论。不见了杂草丛生，不见了石块、碎砖、破缸或铁桶。到处是人头。

袁洪拉我拼命挤向吕林家的大铁门。"不准进去！"被自告奋勇保护凶杀现场的人挡住了。"我们是吕林的好朋友……"

"谁都不准进去，要保护现场！"

"吕林现在怎么啦？"

"吕林疯了！"

"吕林发疯了？"我惊愕，半张着嘴。

"不疯会杀人吗？他还在里面。我们随便放人进去，再出人命怎么办？"

"那个老头死了没有？"我忍不住问。

"真是越传越玄乎了，什么老头！吕林把他老婆杀啦！头都砍下了，挂在床头上呢，吓死人了！"守卫的人说。

我的血液仿佛在身体里凝固了，一阵阵颤栗流遍了全身，手脚冰凉，痴呆一样望着大门。

尖利的警笛声，戛然停住。几个刑警下车挤过人群，冲向大铁门。

人群一阵骚动。

我不由自主被人群挤向前，却被把守在门口的刑警粗暴地挡在门外。

人声烦嚣嘈杂。

突然出现死一般的寂静。

所有的目光射向了大门内。两个刑警抬出一个血肉模糊的女人，飞快奔向门外不远处的救护车。

我的眼睛刚一触到那个女人，头昏眩得像喝醉了酒摇晃着，浓烈的血腥味和女人的惨状使我心里作呕，难受得喉头一阵阵涌动。

"阿晨！阿晨！"袁洪焦急地呼唤。要不是他扶住，我就摔倒了。

我弯腰呕出挂挂滴滴的清水。

"袁洪，我不要看了……"我似乎从半昏迷状态中苏醒过来，恳求离开。

他赶快扶着我挤出人群。

我眼前总是隐隐约约浮现着那个惨死的女人的形象，像个幽魂，忽近忽远，飘飘悠悠。于是，一种不可言状的恐惧便一阵阵向我袭来。

几个小时前，那个眉清目秀的女人还在向我们哭诉着自己的不幸；几小时后，一个鲜活生动的女人竟变成了一具鲜血淋漓的尸体！

多么荒诞虚妄的人生！

本想回上海，因发生了吕林杀人案，我受到了重大的刺激，不得不在 S 市住一夜。

袁洪被人唤去了，说是算什么账。临走，他将我托付给一个十八九岁的女孩。

"她叫寒妹。"他介绍说。

因是个女孩,我很不安。我在东北时曾听他提到过 S 市有个女友叫寒妹。

"我们睡在袁洪屋里。"寒妹说。

"那么他呢?"

"给他在走廊里搭个铺,"寒妹边说边掏出钥匙,开卧室门。请坐,泡茶,打开橱门,抱出一床散发着樟脑香的被来。走出走进,在走廊里为袁洪置放简易钢丝床,铺床被,进行得有条不紊。

"她在这里随便得就像自己家里一样……"我心中顿生一股酸溜溜的感觉。

"阿晨,你稍坐一下。我下楼去一次,在楼对面杂货店里买些干点心。去晚了,店会关门的。"寒妹掏出钥匙,打开书桌抽屉,取了钱,"袁洪常常深夜回家,他肚子饿了要吃的。"寒妹冲我友好地一笑,匆匆出门。

在寒妹开抽屉时,我分明看到抽屉里大面额的钱不少。我不明白袁洪怎么连钱财都让寒妹保管了?寒妹熟悉这里的一切,连一些小物品放哪里都知道。她关心袁洪甚于妻子。袁洪如此信任她为什么?莫非她具有我不知道的魅力将袁洪紧紧抓住。

"莫非他们有那种关系了?"

脚步声,寒妹回来了,抱回来一大包东西。"这是袁洪最爱吃的。"她笑着说。

灯光澄莹透亮。

墙上的圣母玛利亚永远那么和善，似乎将永恒的时间凝固在仁慈的神态中了。

我茫然失措愣愣地坐着，机械地回答寒妹不时提出的问话。

"她好像是这里的女主人……"这个思想死死纠缠着我，心里一阵剧痛，脆弱的神经颤抖着，又竭力抵抗着："她并不美，并不美，一点也不美！"

"你身体不舒服？"寒妹停下手中活，温顺地问，"阿晨，你的脸色苍白，怪吓人的。"

"刚才杀人场面太刺激太可怕了！"我垂下了头。

"不要紧吧？"

"不要紧。"

"袁洪常常提到你，说你怎样怎样好……"寒妹十分兴奋，好像没一点妒忌心。

"他也提到过你。"我淡淡地说，"他十分信任你，好像把这里的一切交给你管了？"

"是啊。"

"钱财也交给你了吗？"

"他相信我。"

头晕得很，深深的孤独感攫住我的心。莫名其妙地悲哀，"早点休息吧。"我喟叹一声。

熄了灯。

寒妹发出轻微的鼾声，不像是假装的。

我则辗转反侧，有梦幻感觉。她的出现替代了白天血腥残酷场面对我的刺激。

更深人静。

院子里响起掏钥匙的悦耳声音。开大门。

"袁洪回来了?"我精神一振,想跳起迎接,忽想起身旁的寒妹,没敢动。

清晰的脚步声,在屋外走廊里停下。开灯,轻微的窸窣声。钢丝床扭叫起来,熄灯。

黑暗中传来袁洪长长的呵欠声。

寂寂无声。

我凝神屏息捕捉着屋外有关他的亲切又伤感的声音。

寒妹没有动静,是熟睡还是做给我看的?

"他并没有进他的卧室,也没有吃寒妹准备的干点……"

长夜难寐。

"阿晨,如果你没有异议,随我到一个你肯定从没有去过的地方,好吗?"袁洪提议说。

我自然同意。

穿过了S市最大的农贸市场,不时有人向他打招呼。他的熟人很多。

一位中年男子挡住了他。相互简单作了介绍后,他们避开了我,在路边聊开了,看上去关系十分融洽。然后告辞。

"他好像求你什么事?"

"他女儿下星期天结婚,请我去喝喜酒。"

"你要破财了?"

"他看得起我,我们是好朋友。整个 S 市的个体户,他只请我一人。"

"看他穿的制服是个税务官?"我很敏感。

"我朋友中也有流氓。"

"还有妓女。"我半开玩笑半讥讽地补上一句。

拐过一个小街。

"到了。"他说。

好像是间旧仓库。房顶上竖立着一个锈迹斑斑的十字架。

这是一个最民间的小教堂。

从临街大门望进去,是走廊。教堂在走廊一侧,走廊里的长条椅上坐满了人,大多是妇女。

我跟在袁洪身后,走进大门,穿过走廊,跨进了教堂。

教堂残破却十分整洁。虽然开着灯,仍显得昏暗。四周墙上贴着不少耶稣受难的彩图,屋中有几根大柱支撑着。一排排酱红色的长椅和条凳已无虚席。

正前方有水泥讲坛。

一位头发花白稀疏的牧师正在讲课。

我们在人群中边走边寻觅着空座。

有人拉了拉袁洪,是个妇女。她向我们示意她身旁的空座还没人,我们坐下了。

"袁洪,你常来这里?"我轻轻问。

"常来。"

牧师抑扬顿挫的声音在教堂回响着:"耶稣告诉我们,'凡见女子即动淫念的人,这人心中已经与她犯过奸淫了'。"

四周悄无声息。

牧师放下《圣经》，抬起头开始解释，和颜悦色善气迎人："动淫念的人在侮蔑他人人格的同时，自己人格堕落了。所以，淫者心灵死了。为什么呢？我举个例子，大家都知道，昨天本市发生了一件凶杀案。杀人的是个体户，听说去东北采购海蜇时动了淫念，奸淫了房东的女儿，致使房东女儿怀孕了。这位个体户的妻子知道了这件事，与丈夫大吵起来。丈夫气疯了，杀了妻子，一对儿女受了重伤。一个好端端的家庭只因男主人动了淫念而闹得家破人亡……"

我回头看众教徒，那目光中充满了虔诚和善。

"所以耶稣说了，'若是你的右眼叫你颠扑，你就剜出来将它丢掉，宁可失去百体中的一体，不使全身坠入地狱中……'"牧师恢复了他的抑扬顿挫，额头上渗出了晶晶的汗珠。

我深深感动了。

牧师忽然发现了袁洪，微笑着冲袁洪点点头。

我明白，关于吕林杀人的起因决不像牧师讲的那么简单。但是牧师将现实生活中发生的事作为例子，用通俗易懂的语言进行传教，令我感到新鲜。

"袁洪，你认识他？"我小声问。

"他是个智者。"袁洪忽然站起来，向讲坛走去。

我感到突然，不知他想干什么。

袁洪走近讲坛一侧，将方凳上的摇头台扇重新摆正，风吹方向对准了牧师。

风将牧师的缕缕白发吹拂起。

袁洪回到了座位上。

"我看得出,你很崇拜牧师。"我说。

"他是上帝的化身。"

"为什么?"

"别影响别人!"他轻声制止了我,目光凝视着牧师。

四十五

回到了上海,一切依旧。

S市之行,思绪难平。

路过十字路口,南路口电线杆下尽是人与过往停下的自行车,围着一辆大发车。路上有零星的香烟,几个年轻的工商人员骂骂咧咧地在拾烟。

"丁渝出事了!"我不安地想。

大发车里传出一阵阵的争吵谩骂声。

果然有丁渝的声音。我急忙冲到车门边,只见丁渝被几个人拖拉着,吵吵嚷嚷。她的膝盖破了,淌着殷红的血,把裤子染得五彩斑斓。

"阿晨……"丁渝看到了我。

"怎么回事?怎么回事?!"我用力挤上车,肝火莫名上升,气呼呼地喊,"丁渝,怎么回事?是烟被冲了?冲就冲了,你呆在车里干什么?!走啊!"

"你这女的干什么?下去下去!"一个圆脸疾言厉色拦住

我们。

"人家烟被你们没收了,腿都伤了。你们拉她到局里去看伤啊?!"话从我嘴里连珠炮似的喷出。

"你这女的讲讲清楚。我们没把她弄伤,是她自己被抓住要挣脱逃跑,还想金蝉脱壳,把香烟夺过去撒了一地。她自己不小心绊了一跤跌伤的……"圆脸坚持挡住我们。

"丁渝,走!"我拉住丁渝硬冲。

"算了,算了!"有人动了恻隐之心。

车上除了圆脸,我全都认识,他们早松了手。圆脸虽然不服气,见此状也明白了,愤愤地让开一条路。

我厚着脸皮拉丁渝下车,奋力挤出人群。

"阿晨……"

"别说了。事情过去了,什么也别说了!"我看出丁渝又想解释什么,"我得到信息,今天傍晚要行动。没想到他们这么早就出动。你看,那些老烟贩全溜了。我估计被捉的会是你,果然不出我所料。哎,你啊……"看到丁渝鲜血淋漓的伤口,我咽下所有的埋怨话。

我和丁渝都沉默了。

中心医院。

丁渝的伤口缝了四针。大概流血过多,丁渝的神情有些呆痴,脸色更苍白了。她听任我的摆布,默默无言,仿佛有很重的心事。

分手时,我再也憋不住了:"丁渝,今后贩烟越来越困难了,你不如到大市场里来……"

"阿晨,你别说了!"丁渝打断我的话,面有愠色,"难道我为钱吗?你以为我没钱吗?我丁渝有的是钱……"

我不想听了,心里十分沉重。我差不多能背出丁渝后面要讲的话。"丁渝,谈点别的好吗?"我开口了。

丁渝努力调整了一下自己情绪,用和缓的口气对我说:"阿晨,我发现自从你去东北一趟回来后,变多了。最为明显的是你过去对化妆马马虎虎随随便便,现在突然赶起时髦来了……"

"你在瞎说!"我脸一热。

丁渝笑了。

丁渝的笑有些做作,那是脸上肌肉在变化,好像笑,心里也许在哭。

"啊,我想起来了,和人约好的,我走了!"对她的笑,我有不知所云的惶惑,唯有尽快告辞。

隔壁大彩电音响终于停了,传来父母脱衣上床窸窸窣窣的声音和充满倦意的喁喁私语,更增添夜半三更的幽静。

我闭上眼睛,就会感觉到那台两千六百五十元的金星大彩电屏幕上不停飘洒开一阵阵苍白忧郁的雪花,渐渐浸润着我的身体。

"丁渝……"我被深深地困惑着。

四十六

我下了决心去帮助丁渝。

烟贩们趁着夜色又像幽灵一样出现在路口。

"丁渝已经来了。"我远远看到了。

"阿晨。"丁渝显得非常高兴,"今天什么风把你吹来了?"

"我来向你拿五条健牌、十条良友……"

"你……"丁渝的脸上闪过一丝惊愕畏怯。

我急忙解释说:"烧香用的,给那些工厂企业单位的食堂采购员烧烧香。要不,他们以后会抛弃我而作成别的鱼摊生意的。顾客是上帝,我可不敢得罪这些上帝。是不是?"我尽量把这件事做得若无其事,轻松活泼,但是心里不免紧张。

丁渝恢复了她原有的热情,收起贩烟木箱,拉了我就走。

在丁渝家里,丁渝拿出十三条烟放进马甲袋递给我说:"我家里只剩下这些烟了。"

我想付钱,丁渝坚决拒收。

"这怎么行呢?!"我急得涨红了脸。我本意是想做成丁渝一点生意,其实我吃进烟也只是压在家里的,说送采购员,国产"醒宝"就够了。采购员们会认真付钱的,虽然他们付的是平价。

我摸出几张百元钞票扔在桌上。

丁渝的脸忽然变得通红,仿佛受到极大侮辱,后退几步,恶狠狠盯着我:"你,阿晨,你把我当成穷光蛋了?你真的把我划进'打桩模子'中了?你,你,你把人看扁了!"因为异常激动,话断断续续的。但是看得出,她真的被激怒了。

"不,不,丁渝,我不是这意思……"我被丁渝的敏感吓坏了,吞吞吐吐解释,"我总想,亲姐妹,明算账。都这么说的……"

"阿晨,我真为你的行动而难受……"丁渝脸色渐转缓,然而看上去,心情仍显得沉痛。她深深垂下头,于始重复她的那些话,"我早就说过,我有的是钱。我在上海外滩的中国银行有二十多万美元,在上海徐家汇有一套公寓。我如要钱,完全可以一封信或一个国际长途到日本,要多少有多少。你已知道我的情况,我不多说了。但是你为什么还要给我钱?你把我当做了什么?我和你是烟贩和顾客关系吗?我真的太伤心了……"

我还能说什么呢?一切都无济于事。任何辩解只会引起丁渝更加伤心痛苦。我隐隐感觉到这次慷慨"馈赠"不但失败,而且可能变成"反馈赠"。我也许做了一件错事。

"你快把钱收起!快收起!"丁渝抓起钱硬塞进我口袋里,"你要让我发火吗?"

"你以为自己有钱,我就没钱了吗?我现在早是万元户了。每天三十元钱是稳得的!"我作最后的挣扎。

"阿晨,你的什么万元户对日本永仓株式会社来讲,还不是一点灰尘?太可怜了。别那么固执了,把钱收起吧,没有必要和我夸你有钱……"

我想告诉丁渝,我没有固执,没有什么可怕。这些话完全应当留给你自己。我想说说"恋人"生前曾对我讲过家里的困窘拮据,我想劝她不要再把别人信口"许诺"的东西当真了……这些话涌到口边,还是憋住了。我明白我的话会伤透丁渝的心,从此她会视我为路人。我按压着心中怨气,隐忍不言。

因为这十三条烟,我和丁渝的心里都好像蒙上了一片乌云,屋里充满令人窒息的气氛。

默默无言。

我要告辞了。这种沉默对我对丁渝来说都是折磨。

丁渝没有忘记要我带上十三条烟。

在丁渝真挚的乞求目光下我不敢再作拒绝的表示，只得收下。

丁渝执意要送我下楼。

我说我要上卫生间。在上卫生间方便时，偷偷将烟钱放在抽水马桶水箱上。我为自己急中生智而暗暗高兴。

四十七

袁洪来信了。

抑制不住的激动，匆匆打开。

阿晨，吕林的妻子死了。想到这位勤劳贤惠的女人落得如此惨状就令我黯然神伤。吕林仍在精神病医院。他的性格导致了他的命运、他的家破人亡，只是可怜他的那位无辜的妻子，以及一对原先聪明伶俐的孩子。那对儿女可能成为终生残疾人。

事故起因现在清楚了。G镇秋娟父亲来找吕林，说秋娟有孕，叫吕林准备三万元。吕林与老头当场吵了起来。老头气极了，拿了吕林在G镇写的纸条跑到吕林家，给吕林妻子看。纸条是吕林写下的在强奸秋娟的事实下，请求秋娟家宽宥他三个月，待回S市离婚，然后同秋娟结婚的内容。

老头还火上浇油告诉吕林妻，说秋娟已怀孕。

老头原想敲诈一笔钱，以为在他的一连串威胁下，百万富翁夫妇会乖乖送上三万元，以后在合适时机，还可三万、三万地来敲诈。

他万万没有料到吕林夫妻因此大吵起来。

吕林在东北遭一连串打击，回S市后又逢烂货，脱不出手，眼看今年破产无疑，夫妻间平时为此有争吵、哭闹。吕林心情已恶劣，这次在老头的敲诈、妻子的辱骂下，他早已疲惫紧张的精神一下子崩溃，突然变疯了。

于是就发生了震惊S市的凶杀事件。

在出人命大事的当天，秋娟父亲悄然坐火车回了东北。

外界的传说如同牧师所言：一切恶果的根源是吕林的淫念。其实导致这悲剧的又岂止是吕林一人？

为免遭麻烦和纠缠，这些情况不要多说。

老赵家属已找过我多次，他们准备再作一次寻找努力。看来老赵凶多吉少，听说这一次努力白费的话，就准备为老赵办丧事了。

我很想到上海来看你，顺便到十六铺看看行情。如果我来上海，就写信给你。

四十八

袁洪又来信了。

阿晨，来信收到了。你想知道我和寒妹是怎么认识的？我从你似乎是漫不经心的言辞中看出你其实是挺关心的，对吗？

我喜欢寒妹，如同喜欢你一样。我把钱财等一切交给她管理，因她的脸上透出的始终是忠厚纯朴这四个字。且她又是S市人，我放心。

寒妹是S市人。

三年前，我跟随一位卖老姜的山东汉子做小生意，拉着装满老姜的大板车走遍了全国的各个角落。

那年冬天，我们流落到了S市。在S市街头露宿。正是北风凛冽的冬夜，山东人冷得受不了，叫我守着大板车，他自己去电影院门前溜达溜达。

一条破旧僵硬的薄被，夜里就睡在板车下。因天冷被子薄，我和衣钻进用线缝成的长被筒里。

那真是个大冷天啊！即使和衣钻进被筒里，也仍有堕指裂肤的感觉。

还不到晚上八点，街上的行人便被寒流迂进了暖烘烘的屋子。远处闪烁跳动着五彩缤纷的霓虹灯光，那里还在放映电影。

我冷啊，怎么也睡不着。

前方出现了人影。我知道是电影散场了，因为天冷，观众也不多。

几个女孩子呵着冷气，小跑着从我们板车前经过。有个女孩忽然发现了板车下躺着的我，脚步停顿了一下，惊叫起来："这么冷的天睡在这里要冻死的!"

她们很快全向东跑过去了。

街上阒无一人,一片沉寂。

我在等我的山东老板。他该回来了!

这时,一阵脚步声从东面传来,渐渐清晰了,是个女孩,两手臂圈住抱了一床旧被。跑到大板车前,一下压在我的被筒上:"喂,这床旧被给你!"

我一下子愣住了。我还没回过神。我在诧异一个女孩子跑在这冷僻无人的街道上怎么不怕坏人?

才转眼间,女孩跑了。背影渐远云。

我突然想起,"我无论如何要知道这个善良的女孩是什么人。"我从被筒里仓促起身,跳起去追她。又蓦地想到自己衣衫褴褛蓬头垢面,像个乞丐,又像个逃犯,况且大街上又昏黑一片,冷落死寂无人。我这样去追她,岂不吓死了她?

我像个窃贼一样东躲西避地跟踪着她。

幸好她家就在附近。她什么也没发现,走进了一间旧平房。

我默认着眼前的一切:门牌号,她家隔壁是家工厂,南边有座石拱桥。

我回到大板车下,想起这女孩的举动我就感动得流泪。

第二天,我又去查看过,确信我决不会忘记后,我和山东人拉起了大板车离开了S市。

后来,我又有机会来到了S市,在吕林家当小工,为此认识了S市的不少个体老板。我从她家附近的老板口中打听到这个女孩叫寒妹,初中毕业待业在家。

从东北回来后，我成了老板。我托人去找寒妹。寒妹正愁没事干，就当起了我的助手。

阿晨，这样的介绍你该满意了吗？你难道看不出寒妹是个宽厚纯朴的女孩子？我衷心希望你和我一样喜欢寒妹，就像寒妹和我喜欢你一样。我相信你、寒妹，还有云芳之间的关系最终会像真正的亲姐妹一样。而我，每见到你们中的一人，心灵的一切阴晦混浊即刻消失得干干净净，变得澄澈光明。你们是天使，而我只是一个俗人。

阿晨，与你们在一起，我真感到莫大的幸福啊！

阿晨，你收信后请再来一次 S 市，我有事相求。财神迎面走来，请勿错过。见面再谈。

四十九

S 市。

我叩响那大门，袁洪跑出来开门。

我微笑，自我感觉良好，等待他的反应。

他上下打量着我，赞叹，继而自嘲起来："我在你面前成乞丐了！不过，没关系，我当过乞丐……"

可不是，他随便得也令我惊讶。头发乱糟糟的，宽大的旧军裤，笨重的工作皮鞋，全身最奢侈的是一件没有光泽的黑色皮上装。

进屋。

"袁洪，你说有事求我帮忙，是什么事？"

他从书桌抽屉里取出一份电报。

我接过电报：

G镇海蜇头每斤十一元五角。

"看出什么问题吗？"

"这个价真实吗？"

"完全真实，是云芳拍来的。"

"我出门时在上海十六铺摸过行情，上海蜇头的批价也只有十一元啊。"我大感不解地说。按道理，产地的海蜇价无论如何比市价便宜好几元。

"S市的蜇头批价也不到十一元。奇怪吗？问题就出在这里。我认为产地价是正常的，同时说明G镇的货差不多完了。而上海、S市或其他地方目前的海蜇价是不正常的，是人为造成的。根据以往经验，老板们认为海蜇价在十元五已是极限，便纷纷抛出。这种将库存大量抛出的结果造成了市价在一段时期内的相对平衡，而产地的价格却没受影响，依然按照市场规律上涨着。这形成了目前海蜇产地和销售地价格倒错的奇怪现象。这份电报是我上午接到的，云芳拍来的……"

"这份电报又说明了什么呢？"我依然不解。

"它提供给我们发大财的一个机遇。我想我在这一年中成为百万富翁可能不仅仅是口号了。金钱虽然不是个好东西，但是正如美国的亿万富翁索墨斯特·毛姆所说的,'钱就像第六感官——没有它,你的其他五种感官将一无用处。'"

"机遇?"

"对,是上帝赐给我们的机遇。上帝会赐我一个百万富翁,同样赐你一个十万富翁。你不信吗?我把你叫来S市,当面谈就是这个千金难买的信息。"

"我们去干什么呢?"

"我把你唤来S市,就是去完成'干什么'的事!"他显得异常激动,踌躇满志。"你在来S市前,我就筹借了三十万元。人有了钱,借钱来也方便。S市的老板们都知道我家里有三十多万元海蜇。不怕我还不出。而且我同意按二分息算。我借款三十万的理由是去越南做鱿鱼生意。我答应从越南采购回鱿鱼后以最便宜的价批给债主。我今天把你叫来,正是要冒用你的名义,去收购S市中一些能左右市场的大户海蜇。"

"我……"我惊奇他也会用欺骗手段。

"我明白你在想什么。"他锐利的目光闪烁着,紧盯着我,"别这样瞪着我。在角逐金钱的比赛规则范围之内,欺骗是比赛的有机组成部分。就像球赛中的假动作,它使对方转移视线。没有掌握欺骗技巧的人不可能在角逐金钱或角逐权力中获胜。"

"万一跌价呢?"我忐忑不安地问。

"绝不会有万一!"他自信地说,"这种收购速度要快,尽可能短时间里完成。第二,除了你和我,对谁也不要说。请保密。"

早早吃了晚饭,马上动身外出收购。卡车与小工来了。

我想换身旧衣服。他说不必换，说我是上海老板，如此时髦打扮能镇住所有人。

三十万巨款放在一只大挎包里，由寒妹哥哥背着，他兼作我保镖。我负责计算，付钱。

事先袁洪摸清了S市海蜇大户的情况，及时放出了今后海蜇必定大跌价的空气。大跌价理由是山东、浙江、江苏产地海蜇量仍挺多。

这策略奏效了，许多老板沉不住气了，海蜇纷纷抛出，唯恐跌价。

当袁洪带来"上海大老板"我跨进一户户老板家收购时，老板们又是外烟又是酒，对袁洪感恩不尽。因我们收购量大，价格被狠刹至十元五角。

我在这场演剧中，充满青春浪漫气息的形象与故意表现的宠辱不惊气质，符合一位来自大上海见过大世面大钞票的大老板身份。

验货、谈价、过磅、上车、付钱，忙忙碌碌，一次次重复着。小工们每人一包中档烟和十五元钱的刺激下干得挺卖力。

不出袁洪估计，七百多桶海蜇到深夜两点全收购完。三十多万元钱花光了，一些小老板仍在纠缠袁洪。

"上海大老板带来的钱花光了！"袁洪两手一摊说。"没法收购了。"他偷偷告诉我说，那些不到十万资金的小老板对市场影响力并不大。

海蜇全部叠放进袁洪的住处。

夜阑人静。

灯火熄灭了。虽然我忙碌到凌晨三点才上床，却睡意全无。寒妹一上床就睡着了。

我的耳朵总是细心捕捉着门外走廊里任何一丝一毫的声响。

那里睡着一个无限美好的他！

有好几次我实在克制不住，悄悄下床，走到门边，又犹豫不决站住了。我的手只要一接触门闩，便不由自主颤抖起来，心怦跳得气喘。我究竟想干什么呢？有什么紧要的事非要在这更深夜静时找他？不羞，不羞，真不羞！于是我的脸热得发烫。低低骂自己不要脸，慢慢转过身。却又急切回头，扑到门上，将门闩突然拔开，再匆匆跑回床边，用被子蒙住自己的头，羞愧难当。

寒妹咕哝了一句，翻了个身，又睡去了。

我想起刚才那飞快的拔门闩动作，"这算什么呢？是盼他进来吗？他如果进了门又怎样……"

就这样，恨爱交织而无可奈何，意识渐变混沌、模糊。也许疲劳了，终于沉入了梦乡。

五十

一回到上海，妈妈交给我一封信，"丁渝送来的"。

我似乎意识到什么，心慌意乱拆开了信封。

几张百元面额的钞票。

正是我留下的钱。

没有片言只字。

五十一

我在大市场里每天进出好几次，从来不去注意那些杂货店。

我听见有人叫，回头，又惊又喜："是胖老板。"

胖老板站在"秋霞杂货店"里，还在做生意。

"你跑得这么急，是去抢银行啊？"胖老板喊。

我笑了，"胖老板，你改行了？"

"我有时来玩一会儿。"

我看到店里有个老太在向胖老板横眉瞪眼，好像憋住一肚子气似的。"胖老板，那老太是你妈妈？"我用眼瞄了一下老太，低声问。

"不是，是我妹妹的婆婆。"胖老板的声音挺响，"老太婆就是东看不顺眼，西看不顺眼的。刚才一个男人来偷东西，这里常常有人偷东西。有些人外表长得漂漂亮亮，骨子里实在龌龊。那个男人约四十来岁，在货架前磨磨蹭蹭。他说要买东西，我又不能赶他。老太婆脚头碎，不知跑到哪里去了，店里只剩下我一个人。这时，有个戴眼镜知识分子模样的女人来买黑木耳。我正为女人称时，对面商店里的老板叫我，说刚才那个男人偷走了一大块冰糖。我一听急了，放下木耳急忙离店去追。那个男人追回了，一块约三斤半的冰糖还了我，但是发现那个女人没付钱拿走了黑木耳，还顺手牵羊拿了四瓶'郎君'酒，两瓶绍兴'花雕'酒。你看，转眼间几十块钱没了，喂了狗了。所以老太婆回来发火，气还没消呢。阿晨，你别理睬她！"

老太似乎忍无可忍，气鼓鼓地走上前，冲着我发起火："喂，你要买东西快买，没事情赶快离开这里。这是我媳妇开的店！"

我一时十分尴尬，不知所云。

"老太婆，你睁开狗眼看看，真是昏了头，这是我的朋友阿晨。不要像条老疯狗一样乱咬人好不好？！"胖老板勃然变色，疾言厉色地说，"不要老是你媳妇你媳妇。这个后还不是我手一挥送你媳妇的？！你自己想想，你媳妇怎么会变成老板？没有我，你媳妇还不是个穷阿乡？你还不是个身无分文的乡下老太婆？真是心被狗吃了……"

"宋秋霞，你……"老太脸上一阵青一阵白，满脸怒火。转过头，看样在竭力克制。

这一切好像全是由于我的出现而引发的。我不安地连连向胖老板表示歉意，并匆匆告辞。

五十二

电报：

老赵家星期天（19日）办丧事请你来S市。袁洪

星期天上午十点，我赶到S市。

袁洪来车站接我。

"老赵真的死了？"我问。

"失踪了这么多日子，老赵的亲属及派出的人，到凡与老赵

有过联系的地方,都去寻找过,仍然一无所获。现在所有的人都肯定老赵死了,说有可能老赵欺骗了淮民被人扔进了大海,神不知鬼不觉的。所以,他们商量了,决定替老赵办丧事。"

"是啊,如果他活着的话,多少也有点音讯。或者给家里或朋友写个信,通个电话什么的。他死得真是莫名其妙。"

袁洪说我们与老赵同行了一个月,况且老赵又是在这次同行中失踪的,所以老赵亲属一定要请我们。其实,老赵死了,我们也理应去赴他的丧宴。

"吕林呢?吕林现在怎么样?还在精神病医院吗?"

"吕林已被他父母从精神病医院接走了。住院开销大,老人们承受不了,把吕林接到了温州乡下去了。他是武疯子,整天用锁锁着,没法医治了。我去看过他,他已认不出我……"袁洪目光黯淡了。

"他的那对残疾儿女呢?现在谁抚养?"我叹口气问。

"由吕林父母抚养着。听说他一个做生意的姨妹答应每月贴上两百元抚养费……"

我们中午赶到老赵家。

老赵家是街面旧房,看样已有好些年历史了。残破的围墙里有个不大的庭院。

在围墙外的街沿上临时为办豆腐饭搭起了油布棚,在棚内烹调煮炒等。

因我从上海穿来的那身衣服太艳丽,来吃豆腐饭有些冒犯丧家,故向寒妹借了一身,十分朴实。穿在身上紧绷绷的,可见寒妹比我苗条多了。

我和袁洪商量了各送丧金两百元,用白纸包了,纸上写着自己的姓名。

送丧金时,我看到了老赵的两个妻子。一位来自杭州,是法律承认的妻子,有个十五岁的女儿,长得亭亭玉立。另一位是老赵在S城里姘居十几年的事实妻子,有个十来岁的儿子,长得酷似老赵。

初看到老赵这两个妻子时,我十分惊讶,因为我真的相信老赵自我介绍,以为他是单身汉。袁洪与吕林可能怕犯忌,从没提到过老赵的私生活。

豆腐饭总共摆了十多桌,来客尽是死者一些酒肉朋友和亲属。为让死者脸上增一点光彩,老赵的亲属把凡与老赵生前有一点联系的人都请来了,办得像模像样。

灵堂设在一间小屋里。一张炭笔画的老赵西装领带的黑白遗像,黑绸布悬挂在画像两边,遗像前几盆水果之类的供品,竟也显得肃穆庄重。

我觉得这张遗像有些眼熟。忽然想起了,在上海,老赵向我出示的工作证上的照片。

我们随便找了个地方坐下。刚坐,老赵的一个妻子上来,领我们坐到另一边,这几张桌都是老赵的朋友。

一大盘肉末豆腐先上来了,接着是冷菜。

在一片"来来来"声中,豆腐饭正式开始动筷了。

三杯酒下肚,桌上的人开始互相询问有关情况。我说因与吕林、袁洪、老赵同去东北采购,而老赵又在东北出事的,所以来吃豆腐饭。

"没想到啊，老赵生前搞了那么多女人，在S市起码也有几十个，怎么在他死后的今天竟没有一个女人前来吊丧？"一个瘦个子青年说，"当然上海女老板不算，是与老赵同行，不是同床。我刚才说的是同床的女人……"

满桌的人全部嬉皮笑脸起来。

"我初见这位上海女老板，以为是老赵的姘头。我心中暗想，也真有老赵的艳福，死后，总算有这么一个漂亮又有情义的女子来吊丧，却不料是个同行老板……"

我保持着微笑，没有生气。我出生在上海贫民区里，对粗俗猥琐的话早见怪不怪了。况且在我所在的集市贸易的男女个体户中，比之更放肆下流不堪入耳的戏谑调侃多得是。我从不参与，也不想将自己置于鹤立鸡群的高处孤立自己。

男人们边喝酒边聊起有关老赵生前的风流韵事，说老赵三句话将一位女大学生引上钩；说老赵经常雇了出租车去S市附近的一个县城与那些女中学生混居；说老赵在S市姘居十几年的事实妻子是老赵在公共场所勾引来的，后来连他妻妹也被老赵搞上，肚子挺了起来，弄得老赵妻子与妹妹水火不容你夺我争各不相让成为仇人；说凡是有女人的地方总有老赵的身影；说老赵的钱全花在女人身上；说老赵没钱时，自会有女人心甘情愿拿出积蓄拿出金首饰供养他……

有关老赵的种种风流事，都有庸俗色情小说所具备的内容。

"喂，上海女老板，你们去东北时，老赵难道就没勾引你吗？"

被一度冷落的我又被同桌男人突然推出，成为谈论中心，所有目光集中到我的身上。

我想说没勾引过，显然是假话，骗不了人，谁也不相信；而如果说曾勾引过，那必定要我交代出勾引的具体细节以增加他们无聊生活的色彩，这令我难堪和不安。

人们在期待着我。

"当然勾引的。不过，我没理睬他，就像你们接下来想问如何勾引我一样，我躲开不就是了？"我嫣然一笑。

一阵快活的笑声。看得出他们极其满意，不好意思再追问下去。

吃到下午两点多，酒席该撤了。

街边，老赵亲属抱出了一大堆死者生前的用品衣服。

一堆稻草燃烧起，死者遗物被一件件扔进腾起的火焰中。围着火堆，响起了男人女人此起彼伏的恸哭哀号声。死者家属宽大的白布束腰、白筒帽以及白鞋子令人注目，增添了悲伤凄楚的气氛。

我怜悯地看着那两位先后被甜言蜜语哄骗，以致在怀孕事实下成为老赵妻子的女人。我感慨地想，如果当年她们没遇见老赵，凭这样俊俏的长相和适中的身材，会像今天这样凄然伤感吗？

冥钞纸锭花圈以及死者的遗物化成了灰烬，白色纸灰像老赵幽灵一样随风飞扬飘散。

我呆呆伫立着。

半年多前，同行四人中，吕林从一个百万富翁、一个有着人人称羡的美满家庭突然坠落进深渊,妻子成了冤屈鬼,一对儿女成了残疾人,而他自己则成了疯子!老赵不明不白地失踪了,而且竟连尸体也找不到……

多么迷离扑朔诡秘莫测变化无常的命运啊!

每想起吕林,我眼前就浮现着一个赤着脚、污秽肮脏、蓬头垢面、又哭又笑的疯子,后面追逐着几个孩子。这种疯子,我在上海街头也时常见到。

"人生真像一场梦……"我喟叹一声,有关人生的虚无飘忽的感慨又一次像鬼魂一样悄然向我袭来,我感到自己在一点点渺小和虚弱下去。

五十三

我好不容易在大市场里为丁渝争取到了卖净鸡的摊位,也就是每天凌晨向市场里卖毛鸡的农民手中购上几只活鸡,只要购量大,可以杀掉许多价。然后花三角钱去杀鸡加工处加工成净鸡,拿到摊位上卖。因为鸡新鲜,可买半只或鸡的某个部位,方便了顾客,生意挺好。鸡卖光,再去农民手里购上几只。一个早晨,几十元钱不成问题。这种摊位因此十分紧俏。

我兴冲冲地对丁渝报告这一喜讯。

丁渝的神色倏忽转阴:"阿晨,你又干傻事了。你认为……"

不用说,我明白丁渝会讲些什么。我被泼了一头一脸冷水,直愣愣盯着丁渝看,却看不出丁渝脸上有什么虚伪,有的只是压抑住的愤愤不平。

我苦笑一声埋下头，为自己的热心反而引起丁渝不快，感到委屈伤心。

"阿晨，你的心意我领了。你是我最好的朋友。我原来有许多朋友。自从我因孤独玩上'打桩模子'后，他们误认为我没钱穷了，一个个消失了。只有你，阿晨，只有你还相信我。我喜欢这种生活。我如果要享福，早就去日本了。华老板动员了我多次，只要我点头。阿晨，以后华老板来中国，我一定好好向他推荐你……"

我无动于衷地听丁渝一遍遍诉说着。丁渝的真诚、热情和善意再也感动不了我。

"阿晨，今夜你住在这里。我去弄点熟菜。"不待我回答，丁渝转身匆匆出门了。

屋里空空荡荡的，我有形单影只的孤寂感觉。

一切依然。所不同的是"恋人"在世时，这儿有柔情脉脉的微温。现在，四壁透出砭人肌骨的寒气和阴惨，仿佛很久没人住了。

"恋人"的遗照供在书桌上。镜框黑色的。他的神态亲切真诚，似笑非笑。遗照边是一位少女的黑白头像照片，明眸皓齿，文雅秀气，令人有赏心悦目感觉。四周依然杂乱无章的书籍。一层极厚的尘埃。

"这张少女照片是谁？难道是丁渝？她少女时代竟如此美貌出众吗？看来不太像。丁渝是单眼皮，而这少女是双眼皮，眼睛挺大。那么会是谁呢？或许与'恋人'有某种联系。妹妹吗？

'恋人'说过他没有妹妹，我上次来时，并没有这张照片……"我默默思想着。

丁渝回来了，带来一瓶白葡萄酒和一些熟食。

我估计丁渝花去了几十块钱。对丁渝花钱，我心里总是非常不安。又不便说，怕伤丁渝的心。

酒一沾上唇，丁渝的话渐渐少了，脸色更加阴郁忧愁。丁渝自己也感觉到了，常不好意思冲我笑笑，说上几句又没话了。

我感到无话可说。

两人常常呆坐。有时猛地醒悟过来，笨拙地啃上几口鸡爪皮，却食而不知其味。

时间难熬。

五十四

如同袁洪估计的那样，海蜇价缓慢持续地上涨着，速度缓慢得让人察觉不了，只有当你蓦然回首一月前的海蜇价时，才会吃一惊。它其实在暴涨。

根据袁洪的要求，我常向他通报上海的海蜇行情。他也随时向我通报 S 市、G 镇及其他地方的海蜇行情。

五十五

阿晨，我要去越南了。不是叛国投敌，而是去做买卖。你也许还记得那次我在 S 市说的话？我曾答应从越南采购回鱿鱼后以最便宜的价格批发给我的债主。我这次去越南就是去查看鱿鱼行情。

我想请你一起去。

我早就去过越南。我曾经协助过一位无锡老板去越南做鱿鱼生意，他早是个百万富翁了。他非常感谢我，这次就是他要拉我同行。我就想拉你同行。

我觉得生意人不能死抱着一个海蜇行当不放，谁也难预料今后在眼花缭乱的生意场中，某个行当因失算而抱憾终生。而如果投资几个行当，即使一招棋失算也不会影响全盘。

我此次去越南是先去查看鱿鱼行情。当然也许会有意外的收获。待我将家里的海蜇抛出后，腾出一部分资金做鱿鱼生意，也可做海参生意。我有个广东朋友专做海参生意，不是个百万富翁，是个千万富翁了。他的海参直接从菲律宾搞来，然后在大陆抛掉。不过，我不赞成专做某样生意。

好在我在社会上流浪了许多年，结交了不少朋友。像吕林这样除了钱什么都不认的老板并不多。

阿晨，你别一听去越南就怕了。你放心，我们虽然没有出国护照，但也不是什么手续也没有。你在你所在的地区公安局开个证明，证明你到中国广西壮族自治区的凭祥市做生意。一句话，就是开个边境城市出入证明。

从中越交战一停止，边境贸易就开始了。从秘密到目前的公开，生意做得轰轰烈烈。双方政府也眼开眼闭。

越南政府不抓中国生意人，就像我们不抓越南生意人一样。因为曾经打过仗，故越南民间对当兵的中国人有成见。为防意外，如果当过兵的人去越南做生意，最好瞒掉这段历史。在买卖中多政治色彩确实令双方不愉快。但是你和我都没有当过兵，更不用怕什么了。

阿晨，你放心跟我们去吧。

你别怕语言不通，我们有越南向导。在越南做生意，也是同中国、同世界各地一样，看好了货，一手交钱，一手交货。

不少人一听去越南，总怕被人民政府戴上顶"偷越国境"的罪名，再遣送回原地区。其实，谁也不相信一个中国人会偷渡到越南这样一个穷国去吃苦。所以，只有我国政府常常遣送一批批"偷渡"到中国来的越南人，还没有听说过被越南政府遣送回的偷渡者。

唯一注意的是进入越南后，不要乱跑。因为在战争时期，越南人在边境埋下了大量的地雷，至今没有排除。一乱跑，踩上了地雷，那可不是开玩笑的。然而，除了疯子，谁会乱跑呢……

阿晨，我期待你同去。

我等候你的回音。

五十六

在我的心目中，越南是个滋生繁衍死神恶行歹人横行的地方。直到现在，战争的硝烟还在我的记忆中缭绕。我家附近就有个优秀的青年在战争中消失了。他没当兵前，我们曾是个点头朋友，虽然我叫不出他的名字。

所以，从理智上讲，我根本不想去那个可怕的地方。然而，却偏偏是他约我同去。

我收到他的信后几乎没加选择就决定与他同行。我只觉得幸福的突然降临。

我万万没有想到会有这么大的阻力。

我的父母、还有弟弟,听到我将去越南,吓得魂飞魄散,脸色大变。

上次我随吕林去东北,毕竟有个他们熟悉的胖老板可查可托。而此次,他们从未见过袁洪,仅听我说。弟弟甚至说我被袁洪虚幻的爱蒙住了眼睛。

"姐姐,如果你想逼死父母,你就跟那个广东人走!"弟弟怒不可遏地咆哮着,将我刚买来不久的收录机随手砸得粉碎。

家里人害怕我会像老赵一样突然失踪,害怕我被人拐卖到穷山沟作山民之妻,害怕我被迫卖淫,害怕我在越南遇难,害怕袁洪是个骗子。害怕这害怕那,竭力阻止我,反对我,乞求我。

父母战战兢兢惶恐不安地哀求。

我于心不忍了。

父母淌不完的泪水令我心碎。

我终于相信了弟弟的话,如果我执意去越南的话,父母在这惊恐不安的一月中万一有个三长两短,我又岂能原谅自己!

我抱住父母哭了。我说不去了,不去了。我伤心极了。

这么好的机会……

袁洪在临去越南前夕,又来了一信,他在信中安慰我说会有机会去的。他说我有这么关心我的父母兄弟真是幸福。

关于他的 S 市生意,他交给寒妹管理。他关照寒妹,要常常检查质量。关照寒妹无论见市场上海蜇价涨得多贵也决不能动心抛掉,只有在七八月间抛出才是最佳时间。因为那时海蜇青黄不接,市场价达到了最高点,直至新海蜇九月份上市,那时又会猛跌。这是必须把握的。

他希望我也这样做。

我心里一百遍、一千遍地祝他此去一路平安。

袁洪,袁洪,我爱你……

在这夜深人静时,我睡不着。你呢?你现在在哪里?你在干什么?你会想我吗?

五十七

十字路口的"打桩模子"几乎成了女性的天下。除了丁渝,我都不认识她们。

丁渝坚持每天出现在路口,如同过去的我。

我害怕与丁渝接触,但是又无时无刻不想起她,这使我十分苦恼。有时我憋不住苦恼去找丁渝,然而当分手时,我又后悔极了。

常常这样。

路口忽然消失了丁渝。

"你问她啊,有人看上她啦。现在你去找她,说不定两人正在床上快活呢。"一个年轻的烟贩大声笑了。

我赶紧逃跑。

五十八

"阿晨,你的那个好朋友已住院了,正发高烧呢。"工商所朋友说。

我吃了一惊,"丁渝?"

"我刚才在医院配药看到的。一个人,没有人陪伴,怪可怜的。"

我忙收拾摊位,急如星火赶到医院,却到处找不到丁渝。

"热度发到四十度,却跑了,真正不要命了。"医生埋怨着说。

我骑上自行车,径直冲到丁渝家。

敲开门。

丁渝脸色潮红,神情疲惫不堪,身子好像弱不禁风地在颤抖。

我赶紧扶住了丁渝:"丁渝,你不要命了,热度四十度,还逃回家!"

"不要听医院……胡说八道……"丁渝吃力地说。

我要送丁渝到医院,丁渝执意不肯。我急得满头大汗。我忽然明白,这样僵持永远不会有结果的。

我把丁渝扶上床,跑下楼,在路口拦了辆卡车,塞给司机二十元钱,哀求说:"师傅,帮帮忙,楼上有一个重病人,请帮我送到医院去……"

司机收下钱,跟我登上楼,闯进丁渝家。我和司机不管丁渝的反抗,好像绑架劫持一样,不由分说把丁渝弄进卡车驾驶室里。

夜深了,护士给丁渝注射了退热针,输了盐水和葡萄糖后,热度退了下来。她睡着了,睡得十分沉,好像筋疲力尽了。

我一步没离开丁渝,守在边上,默默看着她。我忽然发现丁渝左手手指上的那枚足金天元戒消失了,继而替代的是一枚几十元的稀金戒指。这种稀金戒指让人一眼就能识别,幽幽地现出青黄色。

"那枚天元戒到哪里去了呢?"我想。

丁渝醒了,不安地说:"阿晨,医药费花去多少,你报个数,我出院后马上还你……"

"待你病好后再说吧。"我唯有这样安慰丁渝。

丁渝仍一遍又一遍唠叨着。

"丁渝,你到大市场里来干吧。我们可以互相照应。"我打断丁渝的唠叨,又一次恳切地请求。

"阿晨,我有的是钱……"丁渝重复起过去的话。

我又无话可说了。

出院了。我送丁渝回到家。

我仿佛刚刚发现丁渝家变得空空如也。不少像样的旧家具已经消失,然而"恋人"的那张书桌仍在,那只昂贵的红木太师椅仍在。心中浮起一种人去物在的伤逝之情。

"他走后,我感到了从来没有过的疲劳。那几天我关了门在家睡大觉,各种各样奇怪的梦一个接一个。他是好人,他在世时，什么活都是他干的。他一走，我好像孩子失去了依靠，什么都不习惯。买来一大包饼干，吃上一星期……"丁渝坐在那只龟裂开来的人造革破沙发上淡淡地说着。

几只蟑螂不慌不忙地跑上桌面，仿佛在寻觅什么。

"丁渝，这是你吗？"我的目光落在那张少女黑白相片上。

"不是我。"

"是谁？"

"他的……"丁渝似乎在斟酌着字句，"我想应该是朋友吧。"她抬起头。

我望着丁渝，期待她说下去。

"这是他中学时一位女朋友。中学毕业后，他分到安徽农村插队落户，而这位少女则留在本县。他们通了大约两年信，有一百多封。"丁渝站起来，走到大房间，从床底下拉出个纸箱，信捆扎着被丁渝从纸箱里取出扔到沙发上，"全在这里……"

"丁渝，能让我看看吗？"也许因为是"恋人"女友的信，我产生了好奇。

"这些信，他藏得好紧。他死后，我在他单位办公桌抽屉里发现的……"丁渝仿佛没听见我的请求，捧起了信，犹豫一下，用脚从桌下拨出一只旧的饼干空听，揭开盖，把信放进听里。

"能看看吗？"我又低声请求。

"难道有这个必要吗？"丁渝好像在自言自语，瞥了我一眼，有些诧异。

我很失望，垂下了头。

"今天趁你阿晨在，我把它们交还给他吧。"丁渝拉开抽屉，摸出火柴，划亮了，俯下身，把火焰引向空听内的信件。神色更加忧郁。

我想制止丁渝，但是没有行动。心里一阵阵难受，身上有些发冷。

空听中燃起了淡蓝色的瘦弱的火焰，飘忽着。

"这张相片，你可以看看。"丁渝温情地说。

我接过那少女的照片，低低赞叹："丁渝，她真美，长得高雅又秀气……"

"是的，我不如她……"丁渝苦笑着说，"她很聪明，信写得非常优美感人，一个才女……"

"是吗？"我凝视着少女的肖像，"我看得出的。"

"如果你有兴趣，看照片反面。其实那许许多多信的内容全浓缩在照片反面的题词上了。"

翻过照片，照片后一行俏丽的钢笔字：

爱你爱你爱你！

秋霞爱你！

"这少女叫秋霞？"我问。

"宋秋霞……"

"宋秋霞？"我觉得这个名字相当耳熟，仿佛马上要出现在我脑海里了，"她在哪里工作？我说现在……"

"我想你认识的。她在这一地区十分有名，人家都叫她胖老板……"丁渝冷漠地说。

"胖老板?"我大吃一惊。在我的记忆中,胖老板是个心直口快的粗俗人。而照片上的少女却……

"这不可能。宋秋霞怎么是胖老板呢?"话出口才发现自己问得荒唐。

"女大十八变。"丁渝从我手里取过照片,扔进饼干听中,"我知道你和她是好朋友……"

"真让人难以相信……"我咕哝着。

火焰飘忽着,吞噬着美貌少女的头发、眼睛、鼻子……化成一片轻微脆响着"窸窸窣窣"声音的灰烬,微微颤动着。火焰消失了,什么也不存在了,除了那些泛白的纸灰。

我几乎看出神了,脑海空洞无物。

"阿晨,你今晚住这儿吧。"丁渝忽然说。

"不,我得回家去,我爸爸妈妈会想我的。"

"阿晨,我求你了。"

"我真的不能住在这儿。"我细声低语说。然而我已不再坚持,心里袭上了凄凉悲哀的感觉。

长久默然相对。

"阿晨,医药费过两天我还你。我明天到上海外滩的中国银行去一次,取些钱……"丁渝又坚持说。

我凝视着丁渝没有吭声。

我们睡下了,黑暗中响起丁渝轻微的鼾声。我睡不着,我感觉到被窝中漫溢着"恋人"的气息。"恋人"死了,我最后见到的"恋人"是路口柏油路上那一摊还没有凝固的鲜血,血的形状好像一轮凝重湿润的夕阳。

"他真可怜，真可怜……"我轻轻喟叹一声。

"阿晨，你还没睡？"

灯亮了，丁渝毫无倦意的眼睛。"她根本没睡着，那鼾声是个假象。"我想。

"阿晨，你知道我在想什么？"丁渝忽然羞涩地一笑，苍白的脸上浮现出淡淡的红晕，翻了个身，目光转到天花板上，将赤裸的胳膊伸出被窝外说："过去在这个时候，我和他常常做爱。每次做爱后，他总是抱住我的身体连声说'谢谢你，谢谢你'……他真傻……"灯光下，丁渝眼眶里闪烁着晶莹的泪光。

我被感动了。我第一次看到丁渝对他如此深情。

五十九

农贸集市大楼。

"喂，请为我称上三十斤海蜇！"

我抬头，不禁又惊又喜："是你，袁洪！你从越南回来了？"

"昨天回 S 市，今天赶来上海看你来了。我怎么敢怠慢我的上海小姐呢？"

我脸发热了。

我没敢将袁洪接回家。此时正值早晨，我家弄堂口一定停满了拎出的马桶，一股股臭味在空中飘散着。能让这位贵宾从挤挤轧轧的马桶间穿过，钻进我家那低矮又拥挤的小屋吗？

我们走出集市大楼，我当机立断拦了辆出租车。"为了他，就奢侈一回！"我想。

"上哪里去?"

"随你安排吧。"他回答。

上海动物园。

虽早过旅游旺季,进入炎热的夏季,游人仍然熙来攘往。

"你来过这里吗?"

"好像回娘家,我已记不清多少次了。"他的神色有些狡黠,"说实话,你这个上海人来这里的次数可能只是我的一个零头。"

"你,广东人,怎么跑上海动物园像跑爷娘家?我不信,你在吹牛!"

"上海所有的公园曾都是我的娘家,其中以到上海动物园的次数为最多。"

"你喜欢看动物?"

"也可以这样讲,在我眼里,上海动物园有两大类动物,一种是笼内的,一种是笼外的……"

我无论怎么蠢笨,也决不会将动物以笼内笼外来划分。"我明白啦,你是把天鹅、野牛、鸵鸟等没有笼盖的动物划到了笼外动物……"我打断了他的话。

"不,不!"他连连摇头否认。"我是说上海动物园有两大类动物,以笼内与笼外划分。笼外动物,我是指那种有感觉有逻辑思维能力的动物,或者指那种直立的无毛的哺乳动物。笼内的当然是指那种被笼外的那些自以为是高级动物卑视地唤作动物的东西。如此看来,上海动物园是个名副其实的动物园,笼外看笼内,笼内看笼外,动物看动物……"

"你是说人?"我被引逗得"咯咯咯"笑了,"你的话真恶毒。"

"你以为不是这样吗?"

"袁洪,你喜欢看人,那么南京路西藏路上人更多,有你看的,何必跑到这里来看……"

"阿晨,你一眼望出去,看到了什么?"

一眼望出去,公园的大草地上,三五成堆的人,母子、情侣、朋友、同学、师生、战友等等,他们或坐或卧或站或漫步。没有遮阳伞的坐在草地四周的树荫下。服饰分外艳丽,太阳伞五彩缤纷。

灿灿阳光。

我有点困惑,这种场景在上海随时可见。难道眼前的和平安宁以及人的喜悦神情勾起了他对流浪生活的记忆和感慨吗?

"阿晨,我敢肯定你什么也看不到,因为你是个挺善良的人。"他略迟疑了一下,说,"你稍等我一下,我去去就来……"他站起身,向草地一侧走去。

我以为他是去买什么吃食。来时,我看到那边有个售货厅。

我侧卧在草地上,拉开一罐饮料吸吮几口又放下了。我考虑离开上海动物园后又该怎样安排?去红房子吃顿西餐?请他在上海多逗留几天。不知他是否答应。

"阿晨……"

他来了。站在我身后,手中拎着一个大马甲袋。

我坐起,"你买了些什么好东西?"

他盘腿坐下,将马甲袋放在我们中间,神色庄严,不苟言笑,"你看吧。"

我莫名其妙,"大概他遇到什么不愉快的事。"我迟疑不决地打开袋。

两架型号不同的照相机,一个极为精致的女式小拎包。

"你……"我困惑不解。显然,这些东西看样已用过,七成新,不像刚买来的。

"我偷来的,就是刚才偷的。说得好听一点就是拾来的……"他心平气和地说。

"你,你怎么……你是小偷……你竟在偷东西……"我大惊失色,语无伦次。

"我想你应该更深入地了解我。"他的声音有些冷漠,直视我的眼睛,"我不是曾对你讲过,我在几年的流浪生活中什么都干过,打架、偷窃、抢劫或者污辱妇女等。当然,我大多充当望风充当二传手角色。我干过不少被社会舆论称赞的好事,也干过不少被社会舆论痛斥的坏事,都是干得人不知鬼不觉的。我在海南打工后流落到东北哈尔滨,在哈尔滨火车站结识了一帮流氓,专干这种坏事。我说过,我离家出去是为了磨炼自己,我不求享受。抢劫、偷盗来的钱,我一分也不要。在哈尔滨没几个月,有几个人陆续被抓了起来。哈尔滨混不下去了,我跟着他们流窜在全国各地,后来到上海。我们去过上海所有的公园。我说过,上海动物园好像是我们娘家。在公园里拎游客的包或其他物品,十分方便。我负责将别人拎来的东西迅速转移,常常几个人一档。一天下来,几百元没问题。到晚上,除了我只求一口饭外,其他人坐地分赃……"他平静地叙述着。

我心里很快原谅他。眼前的他如果仍是罪犯的话,我相信我可能会与他的犯罪行为作斗争,但是最终我会被他俘虏去。因为他占据了我的心。"后来怎么不干了?"

"都吃官司啦。"他的脸上露出了感慨神色,"最后只剩下我和一个叫'大胡子'的退伍兵。他是南方山区农民,在哈尔滨当兵。退伍后在农村混不下去,又上了哈尔滨,入了流氓伙中。也是这样一个灿烂阳光的六月天,也是在这大草地边,他偷盗时,被人当场抓住。我逃走了……"

"他们没供出你吗"我余悸未定。

"我知道他们日子长不了,早留了条后路。我编造一套谎言。我说我是孤儿,从没读过书,又提供一个广东假地址,远离我家乡几百里的一个县城和想象出的街道及姓名。他们供出我,公安局从哪儿去找?再说,我是个望风或转移赃物的小喽啰,即使抓到我,大不了教养两年,又可观察一个社会侧面,有什么不好?"他轻松地说,幽默地冲我作了个鬼脸。

我笑不出。

持续的沉默。

目光注视着那件赃物,这赃物现在成了我心病。我仿佛自己成了罪犯,我惧怕失窃的人寻上来发现它。我心惊胆颤望着每一个从我们面前走过的游客。游客的任何一个短暂的一瞥都会引起我极大恐慌紧张。

我惴惴不安低声问:"现在这东西如何处理?"

"当然送回去。"他仿佛从梦中惊醒,站起身,"我顺手牵羊时已留了送回去的后路,有意识选择了对象。"

"怎么送回呢?"

他复拎起那件赃物,抬头望我,满不在乎地问:"愿意看我表演一番吗?"

我不知所措。

"走吧。"他的头潇洒地一扬,转身走了。

我望着他背影,如坐针毡六神无主。站起,脚不知不觉地向前移动,越来越快,跟上了他。

一片小树林。

他忽然回头,用眼色向我作某种暗示,低下头向树林深处走去。

我略一迟疑,明白了,跟上前,"他的赃物来自这片小树林。"

一条弯曲小径。石凳上,一对对依偎着的情侣。

我心上悬吊着那件沉重的赃物,可怕的念头缠绕着我,"他送回赃物时万一被人家揪住怎么办?"

一对忘乎所以紧紧搂抱的情侣背影。

他走近了。

可怕的预感咬噬着我脆弱的心。

时间凝固了。

我的呼吸忙碌起来,就像我在偷人家东西似的。

袁洪停下脚步,将手中的一架相机和那只精致的小拎包不慌不忙轻轻放在情侣的一侧。

什么也没发生,就像袁洪什么也没干过。

情侣们仍然忘乎所以着。

"完了!"袁洪耸耸肩冲我说,忽然大声咳嗽起来。

那对情侣这才被惊动了,松开手,回过头。女的突然想起什么,目光落在地上一侧。

照相机,小拎包俱在。

女的警惕地瞥了我们一眼,将相机和拎包提起,放在前面。

我和袁洪相视一笑。

"怎么办?"我望着他手中另一架相机,轻轻问。

"老样子!"他短促地回答。

"在什么地方?"

"湖边。"

走出小树林。

湖边还有不少路,不用担心袁洪的偷盗行为被人发现。

简陋的售货亭。

突然一位四十多岁的中年男子挡在我们面前,目光落在袁洪手中那只相机上:"我能看看这架相机吗?"

"为什么?"袁洪问。

我的腿软绵绵地站不住,惶恐不安看着袁洪。终于被人抓住了!

"因为我被人偷走一只相机。我怀疑你手中的这只相机,相机的皮套带断裂后又修补的,我认得出来。"

"是你的?"

"这相机你从哪里来的?"对方咄咄逼人,一脸不信任。

"刚才有位四十来岁怒气冲冲的女人,托我将这只相机交到天鹅湖畔一对男女手里,说男的四十来岁,女的学生模样,十八岁左右。我问湖边男女无数,如何辨认,他说拥抱在一起最亲昵的那对即是,还讲了穿着打扮。凭这几点,我刚去天鹅湖畔回来,没找到人。你怎么出来冒认?"

中年男子脸色大变,苍白了,惶恐不安地问:"那女人现在在哪里?"

"大门口……"

"这相机是我的。我和她刚才在天鹅湖边。"中年男子向后一示意。

在距十多米远花圃边,一个圆脸女孩忐忑不安地盯着中年男子,又看看我们,垂下头。

在回答相机特征,验看了有关证件后,袁洪将相机还给了中年男子。

中年男子和那女孩一前一后匆匆走了。

我舒了口气。

"我敢肯定这是一对婚外恋。"袁洪笑着说,"我下手拎相机时就选择了他们。"

"你刚才骗他们,编造出什么四十来岁的女人……"

"以攻为守吧,"袁洪不以为然地说,"这是他们的痛点。男的会以为自己妻子寻来,女的会以为自己母亲或熟人发现了。他们一定会六神无主,如此才解脱了我的困境。"

我忍俊不禁地笑了。

"阿晨,我这次带回 S 市一只活的穿山甲。"

"穿山甲？它是国家保护动物。"

"一级保护动物。"袁洪补充说，"我花了一百多元。它一尺多长，尾巴扁而粗，身上尽是鳞片……"

"你带回来开展览吗？"

"吃掉它！"

"吃国家一级保护动物？这不犯罪吗？"

"犯罪？"他扑哧笑了，"在广西，越是属国家一级保护动物，价格越高，当然不是买来保护，而是填口腹。一些国家保护动物，市场上都有卖，卖主会向你介绍说是国家一级动物。我已买过几种，尝过这类珍稀动物的肉香。阿晨，你不要大惊小怪的，你不吃掉它，别人也会买下吃掉它……"

在我的知识中，穿山甲的形象并不可爱，与那凶狠的鳄鱼差不多，虽然我从没见过真正的穿山甲。

"你什么时候到S市，我请人将这只穿山甲宰杀了，一起享受，你看如何？"

"听说穿山甲是食蚁动物？"我问。

"是的。"

"那我更不敢吃啦。将它送动物园算啦，吃了它总有犯罪感觉，再说你少那一百来元也穷不了！"

他淡淡笑着，同意了。

六十

父母不在家。

他们对越剧有爱好，到剧院去看戏了。那里刚来了市区的一个越剧团。

大彩电仿佛睡着了，静悄悄的，那么宁静安然。

我每见到它，心里总不由自主地浮起丁渝的形象，于是心中闷闷不乐，感到窝憋烦恼郁结，无法解脱。

"阿晨，医药费过两天我还你……"这句话丁渝不知在我面前讲过多少次。丁渝口口声声说上海外滩的中国银行存着二十万美元。我相信这些话吗？然而我此刻真心希望丁渝能把医药费送来，那样或许丁渝的话是真实的，我从此也不必担忧丁渝的生活了。

现在我对丁渝有隐隐的怨恨。如果不是因为出现丁渝，我该多么愉快。我有好几万存款，而且每天以至少三十元速度向上递增。我有执照有摊位，完全合法，我完全可以不愁什么。自从出现丁渝，我不得不为丁渝的生活而忧心忡忡。我试图忘记丁渝，无法办到。如果丁渝愿意接受我的帮助，我的心情也许会安宁些。

我愣愣地望着大彩电，惨然一笑。

六十一

海蜇出现了严重的供不应求的局面，已飞涨到前所未有的高价。

在上海十六铺，海蜇批发价涨到了十五元，而上海市场的零售价每斤则达二十五元。

袁洪来信说他已不失时机地将家中囤积的海蜇全部抛出了，目前已还掉所有的借款。他说由于他的抛扔，S市的海蜇价涨势稍稍得到了控制。

"我，一个身无分文的穷小工，在不到一年的时间里跃上了百万富翁的行列……"他在信末写道。

"袁洪，我真心祝贺你！"我将袁洪的信贴在胸口喃喃地说。

我听从袁洪的安排，留下二十多桶在摊位上零售，其余海蜇全部抛出去。我的资金从原来四万涨到了七万多。

这是我生意上最顺利的一年，但愿一直这样顺利下去。

六十二

"阿晨，你的那位朋友穷得在卖家当了！"胖老板大声嚷嚷着，跑到我摊位边，"过去整天跑东跑西，不知干什么，靠老公养着。老公死了，这下好了，少了财源，穷得卖家当了！"

"胖老板，你说谁？"

"还有谁？当然是她，那个老公叫'恋人'的老婆。老公死后，贩起香烟。这种活又不是她这种女人干得了的。我早就说过，她贩烟恐怕连饭也喂不饱。这不，卖起家当了！我看她什么也干不了，只有卖人肉，一夜二十元，大概有些骚老头子会上当……"胖老板幸灾乐祸地笑着。

"你怎么能胡说八道！"我勃然变色，"她失去工作，又失去丈夫，够可怜的了。你还忍心糟践她、伤害她？"我第一次对胖老板红了脸。

"我伤害她？哼，你没见她那神气，自命不凡！好几次我在路上碰到她，先跟她打招呼，她睬都不睬，挟个皮包，仰头看天，好像大阔佬一样。阿晨，她和你完全不一样。她总认为别人都是下等人，只有她才是上等人。我见她卖家当，本想当众羞辱她，知道她是你好朋友，我才……"

"胖老板，你别说了……"我竭力压抑自己的情绪，"她是个好人，我了解她，她为人家做好事，但好心不一定有好报。现在，她越穷越怕人看不起她……"我垂下头，痛楚地喃喃着。

"阿晨，你……"胖老板愣了一下，意识到了，神情十分尴尬，"阿晨，你是够朋友的。好，我不说她。算我刚才放屁，你千万不要当真……"胖老板连连劝慰我。

收摊后，我急如星火赶到茂昌路南的那家调剂商店。

店里人不多，旧货却不少。自行车、缝纫机、家具、服装、家用电器等等，应有尽有。

我的心"怦怦"跳着，心神不定地在旧货中寻觅。胖老板说亲眼目睹丁渝将一把椅子送进这家店。

我的目光凝住了。

是它，那把真正红木制作的太师椅，乌黑发亮，相当精致的装饰浮雕。当年"恋人"父母的新婚家具，几十年后，整套的几十件家具唯剩下这把太师椅了。"恋人"没有说明那些家具怎么失去的。今天，这把椅子的失去我目睹了。我至今忘不了"恋人"诉说这把剩下的椅子时的茫然神色，仿佛陷进某种不愉快的回忆中。

标价一千三百五十元。

当我下决心购下它时，眼眶里早已溢满泪水，激动得身子微微颤抖着。我身边没有这么多钱，先向商店押下两百元钱。我怕待我离店，它会被其他人购去。

"请不要对寄售人说出我的姓名和地址……"我对商店服务员郑重其事地说，"因为，我怕日后寄售人反悔。"我撒了谎，其实我怕丁渝知道由我购下会受不了。

"其实你完全不必担心。这户人家马上要移居日本，留着没用，才来寄售，要求尽快脱手。当然，你的要求我们还是照办不误。"

交了钱，把椅子搬运回家是件伤脑筋的事。因为我怕被丁渝撞见。回家后，对这把椅子安置何处，让我煞费苦心，原因也是怕丁渝突然上门发现它。最后不得不委屈椅子，把它请上杂乱无章的小阁楼。我相信，丁渝绝不会知道椅子的下落。

不出我所料，丁渝第二天傍晚悄然来到我家里。尽管我已有所准备，但是对丁渝的到来还是非常吃惊。这是我第一次预料，我多么希望自己预料会失败。

"阿晨，我太忙了。这两天跑市区，日本永仓株式会社有意和中国大陆合作，投资三千万，搞个合资企业。我昨天晚上刚刚在虹桥机场送走华老板。我说想从银行取款，他说不用了，顺手给了我一千三百多元。我身边只有这些现钱。他说他以后来上海，准备开个两万元支票送我，我说不必了。"丁渝神采飞扬，从皮包中掏出一厚叠钱,抽出两张大面额百元钞票,放在桌上,"阿晨,这是医药费,我顺便带来……"

"丁渝,如果你要付医药费,那也只有四十多元钱,用不着这么多啊!"我明白如拒收医药费肯定办不到。在钱的问题上,丁渝敏感又慷慨固执。我仅想拿医药费用的四十多元钱。

"收下!收下!两百元对我来说是毛毛雨。扣除药费,余下的你买几包话梅含含。"丁渝踌躇满志说,苍白的脸上出现娇美的粉红色,"上次日本想单独搞,行不通,让我们空忙了一场。这次决定合资,是吸取上次的经验教训。然而在中国办事复杂。虽然目前办事用不着两百多个图章,但还是不尽人意。这个合资项目,我们想放到川沙县。浦东开发,合资项目放在川沙县有利于生意愈做愈大……"

我静静地听着,没有冲动和激情,脸上保持着礼貌的微笑。我想不通丁渝为什么如此白白耗费精力?

"阿晨,合资项目决定上马后,你愿意去吗?你是老实人,我十分喜欢你。收入不比你在大市场贩鱼差多少,但是性质完全两样……"丁渝热切地相邀。

我不置可否地笑笑。

丁渝忽然感觉到了,不安地望着我,刹住了话,脸上现出深深的失望。

我想帮助丁渝到大市场找一份工作;想把彩电按去年二千六百五十元的价退回丁渝;想请丁渝面对面坐下来推心置腹认认真真面对现实生活聊上一个通宵。

我想了许许多多,如同与丁渝是久别后的重逢。但是我什么也没说，我明白我的话除了引起丁渝愤慨、丁渝争辩、丁渝反目甚至更坏的结局外，丝毫不起作用，我将一无所获，我会因此后悔一辈子。

我显得冷静多了。我做好了准备，一言不发奉陪下去。

丁渝的嘴唇嗫嚅着，想说又十分困难。

除了我和丁渝的目光交流外，常常显露出令人心酸的微笑。微笑的内容是如此丰富，却又是难解的。

丁渝终于起身告辞。

我没有挽留丁渝，我听她略带湿润的话几乎成了一种心理折磨。我从此不想再见到丁渝，我想快快泔活生活。我相信丁渝从此再也不会来看我——因为我对丁渝的怀疑不信任已暴露无遗。

但是当丁渝走远时，我却哭了。

六十三

阿晨，又将近去年成行的日子。我准备给你、寒妹以及在G镇的云芳每人一笔钱，答谢你们在我成为百万富翁的过程中给予我的种种帮助。每人三万，是劳务费，如果你们愿意与我继续同行的话，就必须接受这应得的劳务费。另外，我准备从百万中提出五十万做干货生意，包括鱿鱼、海参、鱼肚、鱼翅等十多种，准备先在上海、北京、天津、S市搞点。目前我对干货生意的供销渠道全部摸清了，只待行动。

带上你的七万元，加上我准备给你的三万，整十万，在S市集中。除我和你外，此次去东北，还有两个老板，不是 S 市的，也不是上海的。我没有那么傻，带两个我们的市场竞争对手。有关这两个人，成行那天，你来 S 市时会知道的。

六十四

上海火车站。

我预购了去 S 市的车票后，走向广场上的公共汽车站。

我的目光突然凝住。

是他？老赵！

我赶紧眨眼。青天白日，一点不错，千真万确是老赵！

究竟是怎么回事？

老赵手拎黑色的进口密码箱，身穿雪白的衬衫，系着鲜艳的紫红领带，头发仍然油光发亮，似乎比一年前发福了。他的身边紧偎着一位摩登女郎，发式及服饰十分新颖时髦，令人注目。

他们显然刚来火车站，停在一辆皇冠出租车边，与司机在结账。付完车钱，女郎的手娇滴滴地钩在老赵的臂弯内，向售票处走去。

我呆若木鸡。

当我想起失踪了一年的老赵又将会在我眼皮底下失踪，想起在 S 市为老赵办丧事时他的妻儿的凄然神情时，我毅然决然地奔上前。

"老赵！"我喊。

老赵转过身，"是你，阿晨……"

"老赵，我有几句话想对你讲……"我看了看他身旁的那位女郎，咽下了所有的话。我估计他一定向女郎隐瞒了自己是有妻儿的人，我不想令他难堪下不了台。我知道，当着女郎的面说 S 市的丧事，事情会更糟。

老赵笑了。

"老赵，我去过 S 市了……"我急切地说。我盯着他的反应，把话的后半部留给他去思索。

"阿晨，你有什么事吗？"他仿佛没听懂。

"我能单独与你谈谈吗？"我很激动。

"总经理，这位是……"女郎产生了误会，醋心大发，一口上海话。

"小猫咪，等会儿我解释给你听好吗？"老赵像哄孩子一样对女郎柔声说。他抬头，"阿晨，走吧，有什么事吗？"

老赵随我躲开了女郎，站在一边。

周围没熟人。

我不知道老赵在这一年中干了些什么，但是，他的脸色似乎比去年红润光亮多了，看样子混得不错，那形象确实像个总经理。当然，与去年相比，他的颈边平添出一条淡淡的伤疤，像一条毛虫，布满了医院绞线的痕迹。

"阿晨，快一年不见了，你比去年长得更性感更有魅力了。"他嬉皮笑脸地说着，摸出香烟刚想点燃，又想起什么，收起了烟，"阿晨，你跟我谈，不会是夜里和你约会的事吧？"

"老赵，你在 G 镇突然失踪，你家里人寻找了你好长时间，都以为你死了，还为你办了丧事。我也去参加了。"我气喘吁吁地说，我猜想他一听到这消息一定会大惊失色。

"真的吗？"

"我不会骗你。"

"办了多少桌？"

"十多桌。"我看不出他的态度。

"我在外面活得挺好。他们说我死了，就当我死了，我也可以安静点。"

"你老婆孩子还要不要？"我被他的无耻态度激怒了。

"要啊，我怎么会不要呢？老婆愈多愈好。你看我刚才的老婆怎么样？还可以吗？你是知道的，我一天也离不开老婆的。至于孩子，我如果认真查起来，大概不少于几十个。阿晨，与你相比，我的那些老婆全成了丑八怪，要人样没人样，要气质没气质。阿晨，你今天夜里能与我谈谈吗？你如果点个头，我马上把那个赶了……"他忽然将头俯了过来，压低了声音，嘴角向不远处的女郎撇了一下，向我示意。

我慌忙避开后退。

女郎又一次醋心大发，急匆匆赶来，怒形于色。

我明白一切努力都无济于事了，这个色鬼不可能回S市了！我不想因女郎的误会而发生争吵。我知道在这热闹的公共场所一旦争吵起来，用不了半分钟，四周马上会涌集起大批观众，人们都会认为是两个女人为一个男人在争风吃醋。我怕被泼上这不明不白的污水。

我急转身离开，避开与女郎交锋。然而想到老赵的妻儿，心里仍然愤愤不平，充满了不尽的怒气。

"你瞎脱了眼睛啊?!"

由于我心不在焉,撞到了一外地女行人怀里,她冲我破口大骂。我连忙致歉,匆匆逃避。

走着走着,我的脚步慢了下来。

"老赵失踪了近一年,杳无音讯,都以为他死了,今天好不容易被我碰上了。就看在老赵那孤苦伶仃的妻儿面上,我也无论如何要拦住他,哄骗他,让他的妻儿与他见一次面。对了,就请他后天晚上来上海,约他到我家,不信这色鬼不上当。他若一答应,我今夜就拍个加急电报,请他的妻儿来我家会会他,看这没良心的男人往哪儿逃!"

我回过了身,在熙来攘往的人群中寻觅着他们的踪影。

哪里还找得到呢?

我愣愣地站住了,"好像他们是去售票处……"

我赶到售票处。

没见他们的踪迹。

"他们究竟会到哪里去呢?既然到了火车站,不太可能往别处去的。可是火车站那么大这么多人,会不会购了票在等候上车呢?"

又匆匆赶到候车大厅。

候车的乘客已呈饱和,摩肩接踵,拥挤不堪。大厅里乱哄哄闹嚷嚷沸反盈天。

要找到老赵他们,简直是大海捞针。

正当我无可奈何想转身时,眼前忽一亮。

我前面的候车长椅上,熟悉的与众不同的女郎发式与服饰吸引了我。这不是老赵吗？不就在我的前面背对着我？真是踏破铁鞋无觅处，得来全不费工夫。看样子，他们谈正兴浓。

我想唤老赵。赶上两步，正想开口，不得不咽下了所有的话。

"……你说了半天还没讲清，这个阿晨与你究竟是什么关系？"女郎追问。

"我不是说了嘛，去年我带她上东北。她没钱，我借了她四万元，并且教她如何发大财。如今她已成为有几十万元的水产个体老板。她刚才见到我，一定要拉我去她家过夜，还我钱，还说用她的处女贞操来报答我。我说我没空，说你难道没见我身边有一位比你强上百倍的女朋友吗？她还不死心，缠住我。幸亏你赶来了，她是出于好心，但是我不感兴趣。这种女人没有一点性感，激不起男人的性欲。做朋友尚可，做情人或老婆差远了。不像你……"

我被他卑劣无耻的胡说八道气得胸膛急剧起伏着，真想上前揪住他辩个明白。

然而我克制住了。我蓦地转过身，打消了为老赵妻儿做件善事的念头。

六十五

令人汗流浃背的白昼。这使我不由得想起烟贩生涯的艰难，仿佛是一个苦涩遥远的梦幻。

烟贩骤然少了，是被这热辣辣的太阳逼进了凉飕飕的屋里。本来，不少烟贩并不是因为生活的困苦走上街头的，更多的是为了享受。那些不怕酷暑严寒的烟贩则大部分是长病假、待业在家、单位经营状况不佳在家待工等诸如此类的人员,他们把贩烟当做生活的来源或补充。除了贩烟外,他们无计可施。

十字路口到了。

赤日炎炎。

热得我不得不右手握住自行车把,腾出左手来擦汗。然而,我一抬头大惊失色,自行车猛烈地摇晃起来,差点跌下。

丁渝正站在南路口。她那好像大病初愈般苍白的脸上冒着汗,衬衣被汗水湿透,脚边是盛放着五颜六色香烟的烟箱,整个形象那么离群索居孤苦伶仃。她目光迟钝地望着来往的行人车辆。

我不由自主地凝视着丁渝。

四目相撞。

丁渝的眼睛骤然发亮,兴奋地跑前几步,笑着迎接我。

我颓然垂下头,我惧怕与丁渝交谈。我的嘴里莫名其妙地咕哝了几句,仿佛在掩饰自己的失态。我的脚下一用力,车飞快驶过南路口,抛下了丁渝。我的眼泪夺眶而出。

"阿晨,你还是劝劝你的那个朋友换换行业,到大市场里来摆个摊位得了。"胖老板又一次一本正经劝我,"这种大热天,为了一口饭,站在路口,热得汗直淌,连我看了也心疼。天地大得很,你的那位朋友何必死死盯牢烟贩这个非法行当呢?你去跟她说说,我们姐妹俩一起帮帮她的忙……"

"她很固执,我了解她的脾气……"我苦笑着摇摇头。

我卖完最后一条带鱼后,匆匆收摊。

我先去火车站预售处取了两天前预定的火车票,恰巧在公共汽车上遇到我的同学。

"那个日本永仓株式会社的生意怎么样了?"我忍不住问,"我还等着你的消息呢。"

"真可惜,市里不同意。说日本方面不能这样单独干,会抢了国内的生意。日本人收购价高于国内的一些食品厂,如果执照批下来,上海要关闭不少食品厂,恐怕他们一斤蘑菇也收不到……"

"你白白忙了一阵子?"

"白忙?外国人绝不像我们中国人这样吝啬小气。他们送了我一台洗衣机,全自动的,市场价八百多元。他们为求方便,直接在华联商厦买了用车送到我家。所以说经济损失谈不上。我前后忙了一个月,八百多元。你这个水产个体户每月收入恐怕也不会那么高吗?我感到惋惜的是这么好的发财机会失去了。"

听了同学的话,我心里沉甸甸的,喉头涌起一股苦涩难忍的感觉。

与同学下车分手后,我转了几辆车,走进了一家大邮局。从提包中取出一个纸包,里面是我昨天刚从银行取出的三千元现金,都是百元大面额票。

我买了一张汇款单,坐在长桌边,写下了丁渝的姓名及家庭地址。在"汇款人详细地址"与"汇款人姓名"栏目里,我毫不迟疑地填上了:

上海鸿祥路1283号日本国永仓株式会社　华雄林

我明白丁渝将永远找不到这地址。

当我走出邮局时，在如释重负的同时，却又分明感到另一种失落。

是钱吗？肯定不是。

外面是熙来攘往川流不息的人与车。

我把那张小小的汇款收据捏成一团，扔进了废物箱内。

上海的人真多啊！

六十六

我携带巨款登上去S市的火车。

在这不到一年的时间里，我的钱额有了个很大的飞跃。我懂得了作为一个生意人，如想打开发财宝箱所应有的气质：那就是拥有精明的头脑，不怕艰辛吃苦，勤奋努力，还须加上天赐的机遇。他要有一种无法抑制的生活热情，有独特的眼光，善于发现市场真空，并能迅速填满它。他要及时提供市民们到处得不到而又最需要的东西。于是，暴发的轻而易举也成了一种必然。

就像袁洪！

车轮"咣当！咣当！"地向S市奔驰而去。

新的征途又开始了。除了袁洪，还有两位从未见过面的同行。

不知此次旅途是否仍是重重险恶？

这时已是公元一千九百九十一年的盛夏。

1992 年 5 月 31 日

1992 年 11 月 27 日

1993 年 1 月 7 日

后记

一

记得1990年初的一个夜晚，在上海云南路小绍兴二楼包房内，我和一帮朋友聚餐，他们问我最近在干什么，我说刚去东北采购海蜇回来。说起其中的曲折经历，朋友们纷纷鼓动我写出来，建议先让报纸连载。我担心涉及地方基层官员的大量腐败，很负面，写了不能发表，浪费时间。而且，那时我在权威刊物《收获》连发了三个中篇，被认为是纯文学作家，写连载有些不入主流。朋友说赚稿费也很重要，说你揭露的是远在千里之外东北的小县城，你在作品中只要不说上海坏话，就能发表，不会有事。那时，我妻子在菜市场摆摊，是菜市场的个体户，除交纳市场管理费外，从不交税。想到我写这些，可能会招来麻烦。担心文章发表后，被地方税务部门闻讯找上门。我不能害我和我的个体户妻子，不能害其他个体户朋友。所以，我把地名姓名虚化，主人公改为女性，未婚，以远离我和我妻子，不能被人对号入座。

因我写的是我和妻子以及个体户朋友的经历，都是经历过的事，写起来很顺手。

1992年初，中国青年出版社将该书列为"90年代长篇小说"重点书。1992年8月18日至10月31日在《劳动报》连载《与百万富翁同行》时,想不到大受读者欢迎。接着,在北京、天津、河北等地报刊纷纷连载。1993年初,在北京召开"陆棣与《与百万富翁同行》作品研讨会"。《人民日报》《光明日报》《中国青年报》《经济日报》《文艺报》等十几家中央大报纷纷作了报道评论,引起极大反响。《百》书还传到埃及,被埃及重点大学艾因·夏姆斯大学语言学院中文系列为博士生的研究课题,并将全文译成阿拉伯文在阿拉伯国家出版。中青社将《百》书加印了多次。

《百》书出版后,1994年1月8日,我在上海新华书店签名售书前一天,我父亲去世。

《百》书出版后,名列畅销书排行榜。

上海电视台的一个编辑带了合同来嘉定找我,要求把《百》拍成电视剧,稿费一次付清。中青社说,他们把书送印刷厂时,和北京电视台商谈改编的事,说等书一出版,把《百》拍成电视连续剧。上海电视台说,家乡人应把作品放在家乡,说和北京没签协议不用负责任。电视台打家乡情怀牌,由我独立编剧。我头一次和电视台打交道,影视剧稿费多,当天就签下合同。一家上海媒体报道《与百万富翁同行》引起南北电视界竞争,上海电视台抢先一步的消息。为解决我处在中青社和上海电视台之间的两难,上海电视台给中青社打去一笔钱作为补偿。

二

我写作有习惯,先列提纲,以大纲为主线,不管错字白字或内容重复,写初稿凭激情,想到什么写什么,天马横空,思维一直在变化，要想写的内容、细节等全部倒出后，再粗查，这时，作品核心主线自会出来，再删减不需要的，将重要内容、人物和细节加强。重新列提纲，细节重分配、节奏掌控，最后细磨。一字一字书写，很费人工。电视台约定我在最短时间内完成21集剧本，说等着拍摄。

如果手写的话，时间来不及，只能用电脑写作。

上海作家陈村说，学会电脑后写作太方便了。一台286电脑内存2MB，没有硬盘，用5.25英寸的软驱。说由上海作协介绍，可便宜1000元，只要6600元。电脑公司叫西派埃，在北京西路上。入口有扇小门，付全款，里面技术人员紧张地忙碌组装电脑。等候取电脑的队伍很长，排到北京西路路口。排队时，就听说是走私来的，说否则不会这么便宜，也没有保修。说尽可放心，电脑不会坏。这家公司因电脑价格便宜，销量大，名声大了，被电视台点名好几次，后来被取缔了。

我抱了组装好的电脑回嘉定，我要在短时间内学电脑。嘉定科技大学（现在叫上海大学），在校门口贴出电脑操作培训班的招生通知。我报了名。一星期后通知我，说培训班办不了，全县报名只有两个人，说电脑毕竟上万元一台，工资不到百元。说报名的除我外，还有嘉定看守所一位工作人员。他有台二手苹果电脑，也要4000多元。说办不出班，你们二人可以到大学机房免费学习，不懂的地方问机房的计算机老师。

陈村在电话中说，你学什么啊，购一本金山的WPS操作入门就可以学会。说会写作的人，这不是困难事，说学五笔输入，写作快。陈村很会鼓励人。事实证明，他介绍的操作入门手册，确是在走电脑打字入门的捷径。

我在电脑上写《与百万富翁同行》连续剧的剧本，几个月完稿后，我打字已很熟练，对电脑入了门。

21集电视连续剧本《与百万富翁同行》，被定为上海市95年指令性重点剧本。多家制作社争相要剧本，上海电视台、上海市广电局将剧本公开招标，这是上海唯一一次招标。开拓制作社一举中标，一炮打响。上海首播时，收视率高达38%。

《百》剧在电视台播映时，《百》书销售一空。上海新华书店来电要求再次加印，说到中青社催促多次，因为那时出版社吃大锅饭，没人去管这事。出版社把书销空了，之前还得到上海电视台补偿的钱，奖金分了，很满意。而我，只有一次性稿酬，印多少册也跟我不相关。

《百》剧后来在外省各地播出，又有不少书店电话打来，催着要书。我说我不是出版社，管不了。

三

改革开改初期，妻子生下女儿，父母不在身边，无人带孩子，只能一人辞职。妻子选择辞职。那时辞职困难重重，辞职人的父母要签字，作为丈夫的我要签字，还要我的单位嘉定钢厂也要签字。我和妻子都要写保证书，保证妻子辞职后，活不下去，不能回原单位，只能自谋生路，从此与原单位嘉丰纱厂完全脱离关系。

其他签字好办，请我丈人签字很困难。他问我为什么自己不辞职，而叫他女儿辞职，以后没饭吃怎么办？我讲了我们的辞职想法，我们想开个小小瓷器店，不但可以带孩子，还可以养家糊口。

开店要进货，没有钱可以贷款。我们一申请贷款，银行信贷员马上上门核查，到我单位核查，一丝不苟。嘉定钢厂二话不说，愿作担保，如还不了钱，每月扣我工资。贷出款后，我们要谢谢那位信贷员。我们送礼，他非常严肃地拒收，说符合条件，不送礼也能贷出；不附合条件，你送礼也贷不出。那时嘉定整条南大街除原先的一家工商合作社的门店外，没有其他店。小店开张时，居民们都拥来看热闹。

但是，那时开店非常艰难，步步在催你关店。上海的个体户经商环境恶劣，被歧视。我们在景德镇进货时扣了税。到嘉定卸货后，一位五十多岁老税务就来查验发票和实物，会清点每一只小碗和小碟子，一个都不能少，缺口的、碎了要并成整碗才能算一只。清点完后先交税。问，没卖掉怎么交税？有送人的瓷器也要交税？破损的也要交？老税务说，都得交！老税务清点瓷器非常辛苦，无法通融。生意还没做，两头交了税，加上破损和进货成本，已经亏定了。在离我家小店附近，洲桥边一家企业办的瓷器店，销售价格比我们到产地进的货还便宜。我们想换行，卖其他东西。税务所说，换可以，要到国家指定的嘉定西门批发部去进。利润极小，连养活自己都难。小店无法维持。除吃用，留下大量瓷器，大多是破损的。等到南大街瓷器店动迁时，绝大部分瓷品被抛弃在原址不要了。

有人介绍我妻子到菜市场设摊，说做这生意利润大，差价大。到菜市场后，听到江浙两省个体户从来不交税，只交很少的管理费。所以，他们的生意越做越大。他们在上海试水后发现，同我们一样，进了货先全额交税，三天两头来检查货多出没有。他们及时退守到太仓、浏河等靠近上海地界那一边。他们在江苏地盘做上海人生意，等到上海对个体户政策放宽后，他们才陆续搬到嘉定。此时，他们手中有了钱，敢亏能亏，也敢冒险尝试。此时他们完全占据了上海市场，而上海本地生意人因此被说成小家子气。

四

上世纪80年代，我主要写中篇小说。后来，我远离文坛近20年。2014年，我有亲人得了绝症，后死而复生。这触动了我重又拿起笔，完成《旅程无终点》。

《与百万富翁同行》《旅程无终点》都是长篇纪实小说，非虚构文学。

这次，《与百万富翁同行》再版，我没有改动，一切依原来书稿，包括内容简介等。

出版社要求写序或后记，也好，就写创作时的细碎回忆。

改革开放初期，物质贫乏，全民追求金钱和物质，我完成《与百万富翁同行》。

2014年，社会物质太过丰富，人们精神相对贫乏，我完成了《旅程无程点》。2015年，《旅程无终点》申报上海市重大文艺创作项目，获通过。2016年2月出版后，新华网、人民网、环球网等中央主流媒体多次报道，入选"中国好书"（中国图书评论学会）2016年4月榜单；2017年2月18日，中央人民广播电台"纪实春秋"栏目开始播长篇《旅程无终点》。

2018年9月底，长篇非虚构《一场轰轰烈烈的恋爱》被上海市重大文艺创作项目立项通过，该书不久将出版。《恋爱》故事发生在"中国改革开放的先声"的1974年至1975年。

"改革，其实在1974年到1975年我们已经试验过一段。""1974年到1975年的改革是很得人心的，反映了人民的愿望。""1975年我主持中央常务工作。那时的改革，用的名称是整顿。"（邓小平）通过改革实践，确立改革开放的战略决策，为1978年党的十一届三中全会拉开了改革开放的序幕。

在1974年到1976年，中国充满跳跃性的历史重大事件和重大历史性转折，新旧交替的社会思想观念在激烈冲撞，社会价值体系一次次震荡激变。

《恋爱》讲述分属敌对阶级的男女恋爱从遭到全社会共同阻击，到渐被社会接受的大转变过程。故事早两年或晚两年发生，都不会有"轰轰烈烈的恋爱"。早两年，社会绝不允许敌对阶级男女恋爱，男主角会被抓而中止故事。晚两年，恋爱恢复正常，失去非常时期的爱情独特性。因为恋爱处在时代大变革的转折过程中，才"轰轰烈烈"。这是一个中国改革开放和个人命运休戚相关典型的案例。男女主角是改革最早受益者，证明"我们每个人的前途命运都和国家和民族的前途命运密切关联"。

《恋爱》描述非常时期上海南翔古镇及郊区农村的时代风貌，记录复杂的人性善恶表现。

我曾不想触碰我那苦涩的恋爱伤疤。2017年有一天，一个偶然因素，激活了心灵深处耻辱卑贱的经历，无法入眠。蓦然回首，发现我的恋爱经历和改革最初征途紧扣在一起，和国家非常时期的命运同步起伏动荡，触发了写作灵感，情不自禁敲响电脑键盘，完成了《恋爱》。

　　这三个非虚构长篇作品，连接起改革开改40多年的历史进程。《百》稿写作时，受篇幅、审核等各种限制，而《旅程》《恋爱》非常幸运，不受限制，处在我一生最佳的自由放松的写作状态中。

2019 年 5 月 31 日

图书在版编目(CIP)数据

与百万富翁同行 / 陆棣著. —上海：文汇出版社，2019.12
（新时期嘉定作家群文学丛书）
ISBN 978-7-5496-3037-0

Ⅰ.①与… Ⅱ.①陆… Ⅲ.①纪实小说－中国－当代
Ⅳ.①I247.5

中国版本图书馆CIP数据核字(2019)第252270号

与百万富翁同行

著　　者　陆　棣
策　　划　朱耀华
责任编辑　戴　铮
装帧设计　张志全

出版发行　文汇出版社
　　　　　上海市威海路755号
　　　　　（邮政编码200041）

照　　排　南京理工出版信息技术有限公司
印刷装订　上海天地海设计印刷有限公司
版　　次　2019年12月第1版
印　　次　2019年12月第1次印刷
开　　本　890×1240　1/32
字　　数　200千
印　　张　9.5
印　　数　1-2500

ISBN 978-7-5496-3037-0
定　　价　　40.00元

上架建议：纪实文学
ISBN 978-7-5496-3037-0

定价：40.00元